打造一流的人才培养、行业研究和政策交流平台，
推动中国金融业在金融科技时代转型升级。

金融城·新金融书系
CFCITY NEW FINANCE BOOKS

Technology Empowers Finance Ⅲ:
Best Practice of Digital Finance in China

科技赋能金融 Ⅲ

——中国数字金融的最佳实践

金融城金融科技创新案例编写小组◎著

中国金融出版社

责任编辑：张　铁
责任校对：潘　洁
责任印制：张也男

图书在版编目（CIP）数据

科技赋能金融．Ⅲ，中国数字金融的最佳实践/金融城金融科技创新案例编写小组著．—北京：中国金融出版社，2020．6

ISBN 978－7－5220－0616－1

Ⅰ．①科…　Ⅱ．①金……　Ⅲ．①数字技术—应用—金融业—研究—中国　Ⅳ．①F832

中国版本图书馆CIP数据核字（2020）第076114号

科技赋能金融Ⅲ——中国数字金融的最佳实践
KEJI FUNENG JINRONG Ⅲ—ZHONGGUO SHUZI JINRONG DE ZUIJIA SHIJIAN

出版发行　中国金融出版社
社址　北京市丰台区益泽路2号
市场开发部　（010）66024766，63805472，63439533（传真）
网上书店　http://www.chinafph.com
（010）66024766，63372837（传真）
读者服务部　（010）66070833，62568380
邮编　100071
经销　新华书店
印刷　保利达印务有限公司
尺寸　170毫米×230毫米
印张　13.75
字数　147千
版次　2020年6月第1版
印次　2020年6月第1次印刷
定价　50.00元
ISBN 978－7－5220－0616－1
如出现印装错误本社负责调换　联系电话（010）63263947

金融城·新金融书系简介

融城教育，品牌名金融城（CFCITY），是中国金融四十人论坛（CF40）旗下金融教育咨询品牌，致力于打造一流的人才培养、行业研究和政策交流平台，推动中国金融业在金融科技时代转型升级。

七年来，金融城聚焦金融科技、消费金融、资产管理等前沿领域，携手金融政、商、学界领袖，为金融创新创业者提供了专业、前沿的知识分享和及时、权威的政策信息，目前已为800多家商业银行和金融科技公司提供了高质量的培训和研究服务，赢得高度评价。

金融城设立的"金融城·新金融书系"，专注于金融科技、消费金融、资产管理等领域，基于研究和研讨成果，出版系列报告和图书，力图成为兼具理论、实践、政策价值的权威书系品牌。

"新金融书系"由中国金融四十人论坛旗下上海新金融研究院（SFI）创设，立足于以创新的理念、前瞻的视角，追踪新金融发展足迹，探索金融发展新趋势，求解金融发展新问题。中国金融四十人论坛旗下北方新金融研究院（NFI）、北京大学数字金融研究中心、金融城也相继加入"新金融书系"，丰富了"新金融书系"的品牌内涵。

序

由新金融联盟和金融城共同组织开展的第三届金融科技创新案例评选活动结束之后，秘书处的同事们没有停止工作，他们一直在进行有关案例文字材料的收集整理和校对，自然是投入了不少的时间和精力。但这还不是本书一直到今天（自第三届案例评选活动开始迄今已近两年）才能交稿付梓的主要原因，另一个重要的原因是评选活动结束后，活动组织者们一直在努力关注这些案例所涉及的金融科技创新的实际效果，关注它们究竟能否经得起一段时间的检验。这其实也是我和吴雨珊等同志在有关评选活动中多次谈及的一个问题。

很高兴地看到活动的组织者们一直以一种十分严肃的态度来对待金融科技案例评选。这主要体现在以下几个方面：

一是坚持了参选单位的代表性。参加案例评选的银行中既有大型银行，也有中小型银行，既有中资银行，也有外资银行。除银行之外，还有基金、证券和保险公司等金融机构。除此之外，还有为数不少的科技金融公司也参与了案例评选活动。这说明业界对递交案例报告和参选的热情是很高的，有关案例的评选活动是得到大家充分认可的。这也从一个方面佐证了评选出的创新案例是具有代表性的，在一定程度上能够反映我国目前金融科技创新和发展状况。

二是坚持了参评评委的专业性、权威性。评委中既有监管部门的同志，也有互联网金融协会的代表，还有著名高校、研究单位的专家。这样的评委组成结构对保证评选结果的相对准确、可靠发挥了重要作用。

三是坚持了评选标准的全面性。评选从商业模式创新、前沿技术的研究及应用、提升金融服务效率的成效、技术创新对行业痛点的解决及贡献度、风险控制的能力及优势、消费者保护及社会责任担当六个维度，对有关金融科技创新进行了较为全面的评估和筛选。这在一定程度上防止和避免了“一俊遮百丑”“一招鲜吃遍天”等片面性、绝对化的问题。

四是坚持了评选过程的公正性。整个评选过程长达三个多月。首先从100个案例中初选出40个比较优秀的案例，复选时又从这40个案例中精选出19个案例。而后又进行了一次具有广泛性的网络投票，有20余万人参与了网络投票。最终在这一系列活动的基础上进行了这19个案例的答辩和投票，从中选出10个优秀案例。

此外，值得肯定的还有一点就是，无论是这次第三届还是前两届科技金融创新案例评选活动，始终坚持了免费参选的做法，努力避免了评选活动的商业化运作。

本书是第三届评选出的优秀案例的材料汇编。不能说这些案例是完美无缺的，但可以说的是，这本书从不同侧面反映了我国科技赋能金融的发展状况。我相信其中的一些创新思路和实践探索无论对从业机构、监管机构，还是对有关投资者都具有一定的启发意义。

我希望类似的评选活动能继续办下去，并且越办越好，越办越成功。

杨凯生

中国工商银行原行长

2020年4月

前　言

2020年，一场突如其来的疫情严重冲击了金融机构既有的商业模式和展业渠道。基于金融科技的“非接触式”服务大行其道，金融机构急切地将支付、缴费、贷款、理财等业务全面线上化，打造在线金融服务体系。

2019年8月，中国人民银行发布了《金融科技（FinTech）发展规划（2019—2021年）》，积极探索金融科技创新监管工具，联合多部委组织金融科技应用试点，引导金融机构推进数字化转型；同时加速推进数字货币的试点与商业落地，为我国金融科技发展按下了“快进键”。放眼全球，如此旗帜鲜明地提出金融科技发展规划且亲身践行的中央银行，寥寥可数。

这一切皆昭示着，在可预见的5~10年，“金融+科技”将成为大势所趋，科技的蓬勃发展将促动金融行业释放更大的生产力。而在过去数年间，以金融科技之名推出的新产品、新业务、新模式已层出不穷，令人耳目一新。本书作为“第三届金融科技创新案例评选”的获奖案例集，便是要如实地记录这一历史潮流中值得记取的片段，记录那些闪现着智慧和创造力的成果。

2016年，伴随着新金融联盟的诞生，我们启动了“金融科技创新案例评选”活动，旨在遴选和展示国内金融科技创新的优秀成果，为行业树立标杆，传递正能量。为尽可能做到评选专业权威、公平公正，新金融联盟一开始就确立了“不收费”原则，并组建了一个汇集政府、业界、学界优秀专家的评审委员会。他们来自中国人民银行、中国银保监会、中国互联网金融协会、上海市互联网金融协会、北京大学数字金融研究中心等部门和机构。评选方式也极为慎重，先在全国范围内征集案例，然后通过初选、复选、终审答辩三个程序，优中选优。

幸运的是，这项评选活动得到市场的热烈回应，每年均有近百家金融机构和金融科技公司积极参选。截至2020年春，评选已成功举办四届，共选出39个获奖案例，其中一个空缺因评委会秉持“宁缺毋滥”原则而产生。

第一届评选的获奖案例由北京大学数字金融研究中心谢绚丽教授领衔，组织多位专家学者撰写，于2018年出版。第二届评选的获奖案例由金融城、中国金融四十人论坛、上海新金融研究院的同仁共同完成，于2019年出版。本书收纳了第三届评选的9个获奖案例，同样由金融城、中国金融四十人论坛、上海新金融研究院的9位同仁执笔完成。其中，民生银行案例由廉薇执笔，南京银行案例由廉薇和王瑶进行前期资料整理和大纲设计、丁鹤岩执笔完成，渣打银行案例和国泰君安案例由熊静、徐嘉翊共同执笔，汇添富基金案例由张霞、徐琳共同执笔，蚂蚁金服案例由张霞执笔，腾讯“灵鲲”案例由孟凡钰执笔，冰鉴科技案例由马骁执笔，第四范式案例由申晓宇执笔。

为深入研究和清晰地描述获奖案例，写作团队多次实地调研，采访获奖企业的中高级管理人员和技术专家。由于行业变化极快，企业的组织架构、业务模式也不断变化，写作团队还需动态调整写作框架，以求真实地展现案例的最新进展。在此诚挚地感谢写作团队的辛勤付出和获奖机构的积极配合。其间，廉薇指导了团队的访谈和写作，帮助写作团队把关访谈大纲并审核修改稿件，特此表达谢意。

受调研写作时间、专业知识和研究深度的限制，本书必定存在疏漏与不足，恳请各位专家学者和读者朋友批评指正。

未来，新金融联盟还将继续秉承专业权威、公平公正的原则，将“金融科技创新案例评选”打造成国内最具公信力的评选品牌，让那些代表着先进生产力的创新成果脱颖而出，闪耀光芒。期待一本本案例集如同新时代的《史记》，忠实记录中国金融科技发展的历史，为其长远发展贡献绵薄之力。

吴雨珊

新金融联盟秘书长

2020 年 5 月

目 录 contents

腾讯灵鲲：孕育“金融安全智慧超脑”

冰鉴科技：坚守底线的大数据智能风控

南京银行"鑫云+"：构建生态银行和赋能银行

国泰君安君弘灵犀：身有智能双飞翼

蚂蚁财富：用AI重构线上理财，一只蚂蚁的财富梦

添富智投：AI+人工，化繁为简

第四范式：新一代智能供应链金融科技服务的先行者

民生直销银行：从金融货架到开放平台的蝶变之路

渣打银行财富管理 APP：手机里的投资者教育课堂

腾讯灵鲲：

孕育“金融安全智慧超脑”

2017 年，两桩传销大案的爆发轰动一时。

一家组织以“精准扶贫”为名，谎设超高收益作为诱饵，采取“拉人头”方式在网络平台大肆发展会员，短短一年时间裹挟群众逾 500 万人。无独有偶，年末曝光的另一起案件同样以完成广告任务获取高额回报为诱饵，通过向社会公众吸收巨额资金从事非法集资犯罪活动，涉案金额高达百亿元。

然而，这类打着金融创新旗号的金融犯罪不仅善于伪装、隐蔽性强，而且名目繁多、花样翻新，加之跨地区经营，监管部门还缺乏有效发现机制。而在以上案例的破获过程中，“灵鲲”都积极贡献力量——通过将海量行业数据和风险预警技术部署在政府私有云，“灵鲲”为案件侦破提供了重要助力。

“灵鲲”是谁？

它是腾讯安全反诈骗实验室研发的金融安全产品——灵鲲监管科

技平台。起航于大数据金融安全监管平台，灵鲲正在向能够为全行业赋能监管服务的“金融安全智慧超脑”前进。

负责人章书说，“灵鲲”这个名字出自于《庄子·逍遥游》。“灵”寓意着灵动的触觉、敏捷的洞察，“鲲”则是古代神话中身居深海的大鱼神兽，洞悉海洋中的一切动向。

传说中，“鲲”会在跃出水面的瞬间发出巨大的吼声，不鸣则已，一鸣惊人。

一、从腾讯安全说起

灵鲲脱胎于大名鼎鼎的腾讯安全。

事实上，腾讯公司所有产品，都在腾讯安全的保驾护航下运行。在日常的安全维护工作中，腾讯经常能够动态感知到一些风险行为，风险识别的需求就此产生。由此，通过整合腾讯各方面业务安全资源，腾讯安全构建了一套闭环安全防护体系，建立了连接政府、金融机构、电子商务、运营商、安全企业等各方合作伙伴并服务大众的安全产业链。

同时，保障用户资金安全、积极打击洗钱、诈骗等黑产团伙也逐渐成为腾讯安全的重要课题。通过微信支付实现的每一笔资金流，都会通过腾讯安全的信息流检测并识别风险。

诸如此类，腾讯庞大的产品体系锻造了腾讯安全的多项职能。从端安全到系统安全，从主机安全到网络安全，再到全方位的漏洞扫描，腾讯相继成立了七大实验室：反病毒实验室、反诈骗实验室、移动安全实验室、科恩实验室、玄武实验室、湛泸实验室和云鼎实验室。

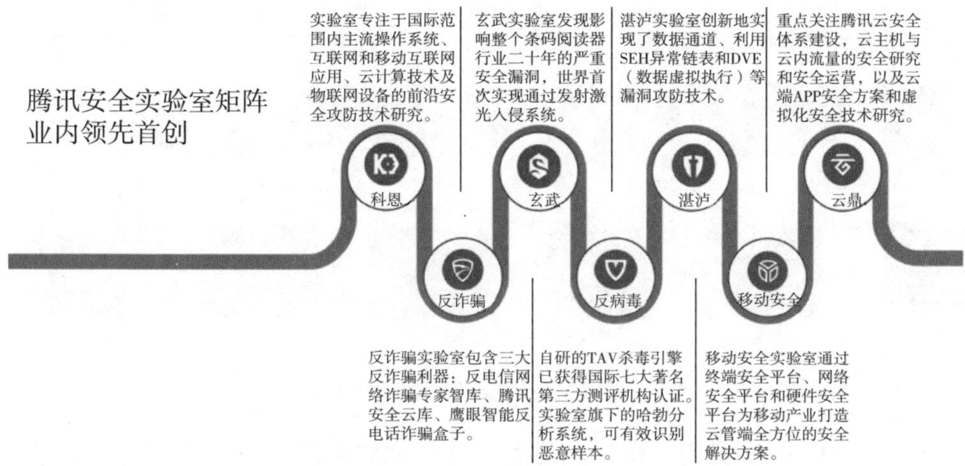

图 1　腾讯安全联合实验室矩阵

在技术能力得到不断发展之后，腾讯安全开始为华为、苹果等生态合作伙伴赋能安全技术。

华为、苹果的技术能力同样强大，为何还需要与腾讯安全合作呢？原因在于，技术实力是一方面，黑产数据的沉淀同样重要。与其他互联网公司相比，腾讯安全不仅同样拥有多年的黑产对抗技术，能够辨别资金风险漏洞、积极遏制金融犯罪，而且还积累了海量的全行业黑灰产大数据。基于腾讯安全的关系链数据，这些生态合作伙伴能够更好保护用户的消费体验。

由此看来，腾讯安全的技术沉淀与数据积累为其建立大数据金融安全平台孕育了可能。

而从外部环境看，2015 年爆发的 P2P 乱象也在大声宣告着发展大数据金融安全平台的必要性与急迫性。

彼时，所谓的“互金公司”野蛮生长，“P2P 跑路”一度成为门户网站热门词汇。据有关机构统计，截至 2015 年 12 月底，国内共有

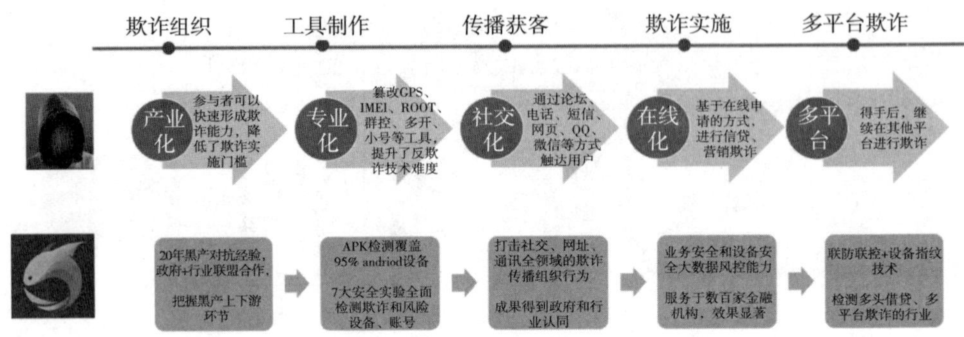

图 2　灵鲲平台的技术沉淀与功能实现

1302 家 P2P 平台倒闭，668 家跑路。这一数字的背后，不只是个人和企业的资金损失，更凸显了整个互联网金融产业的风险。

不仅如此，所谓“征信公司”也开始出现。一些 P2P 公司出现了“冲用户量”的需求，也有些 P2P 企业“资金运转困难，只能节约数据成本”——不管理由多悲情壮阔，这些 P2P 公司都在无形之中推动着数据黑市的发展。个人数据的外泄，已然达到了触目惊心的地步。

“其实在今天来看，个人征信被不明机构频繁查证是件很恐怖的事情，因为连续三次登录查询就会被央行征信系统记录下来，系统很有可能误认为这是个人多头借贷的表现。这就意味着，被不法征信公司调查数据的个人很有可能不能再贷款买房，也不可能再获得银行的大额借款了。”章书回忆道。

P2P 产业一地鸡毛之后，越来越多的业界人士开始呼吁，整个互联网行业要对金融安全和数据安全保持敬畏之心，企业有责任为用户提供安全、可控、公开的平台。

或是腾讯安全的责任感与使命感接收到了大环境的召唤，又或是腾讯灵敏的嗅觉感知到了金融安全这一蓝海的价值——2016 年底，腾讯安全决定出击。

二、万事开头难

21 世纪的第一个 10 年，也是中国互联网产业蓬勃发展的第一个 10 年。但在这 10 年里，率先爆发的是个人用户在网络资讯、社交与电商等方面的需求，而非企业服务市场，这就带动了 TO C（To Customer，直接面向个人用户提供产品或服务）商业模式企业的更好发展。

在此过程中，腾讯很好地抓住了消费互联网的发展红利，先后在 QQ、游戏、门户、视频与音乐等内容业务中探索出了成熟的 TO C 收入模式。经过多年积淀，腾讯的 TO C 业务能力堪称强大。而在这样独特的企业文化下，腾讯目前大多 TO B（To Business，面向机构客户提供产品或服务）业务的产生都并非自上而下的顶层设计，而是建立在 TO C 资源、能力基础上的自然延伸。在腾讯体系内，分散着大量的 To B 团队相对独立地探索市场、开发业务。

这也意味着，虽然从领导层获得了项目的授权，但从项目的定位、目标到细分的每个具体步骤，这些都需要灵鲲团队成员自己去思考。在哪一个时间节点完成什么样的步骤，也都靠团队自己给自己下达任务。

章书说，毕竟腾讯是一个商业公司，获取商业价值一定是位于首位的。想要让老板拍板决定发展灵鲲项目，投入人力物力，就首先要解决投入和产出是否能够形成良好比例的问题。

他不禁自问：如何运用腾讯安全的已有构架在金融安全领域实现可持续盈利？用大白话说，打算投多少人？能够赚多少钱？

为金融机构提供正规征信服务，既可发挥技术优势，又可实现可观盈利，似乎是灵鲲出击的最佳方式和第一选择。可是，不仅同一公司的其他团队已经在这一领域深耕，灵鲲团队自身也不具备相关的经营牌照，发展成为技术过硬的信用服务机构这条路似乎是被堵死了。

既然最赚钱的路已经走不通了，那不如就走最擅长的路。章书想着，不妨专攻金融风险识别，为金融监管助力。这条路能够帮助腾讯承担更多社会责任，也能助益发展腾讯的品牌影响力。总之，先让“灵鲲”活下来！

但在确定了业务方向后，还有两个现实难题摆在刚刚成立的灵鲲团队面前：其一，团队成员要学会“讲故事”，要能够把灵鲲的使命和价值有效包装给腾讯安全体系内的其他团队。只有讲好了故事，突出了收益，其他 TO B 团队才愿意提供数据接口，才愿意投资技术人才，才愿意引荐客户资源。其二，团队成员要学会“拉资源”，要能够形成行业洞察，主动寻找客户。那时的灵鲲团队根本没有销售团队或者营销经验，所有潜在市场的挖掘，几乎都要靠内部刷脸完成。从 2016 年底到 2017 年初的大半年时间，团队努力找合作意向、试产品 demo，却一直没能捞到资源。

回想起那时的艰辛探索，章书淡淡一笑，无奈道：“用现在流行的话说，就是‘我太难了’。”

三、终于遇 “贵人”

好在，灵鲲的“贵人”来得比想象中快。

2017 年 8 月的某一天，腾讯副总裁马斌在一个工作群里向诸多同事表示，频繁爆雷的互联网金融机构已经构成了金融风险，甚至已经引起了监管部门的重视。马斌说，某市金融工作局领导曾向他直接询问，是否有针对金融乱象的数据技术治理方法。

看到这条消息，章书的第一感觉就是：难得的机遇来了！他立即私聊马斌，并在马斌的帮助下火速联系该市金融局面谈合作的可能。

在与他们的交流过程中，章书听到了许多专业建议，可谓受益匪浅。从采用全系数据提取风险特征，到在建模过程中维护特征变量，再到大范围、穿透式地对企业的全链条风险进行量化，章书对采用3D方式展现金融风险的输出结果有了新的理解。

在此之前，灵鲲团队对于产品形态的定义更多的是基于SaaS平台进行服务。SaaS平台能够为服务对象提供网络基础设施、软硬件运作平台，并负责前期实施、后期维护等一系列服务，帮助客户在无需购买软硬件、建设机房、招聘IT人员的情况下，通过网络使用信息系统。

“我给你一个接口，你给我一个输入，通过云数据对批量企业进行风险量化，一切都在毫秒之间完成，这就是我们最初所追求的产品定义。”然而，这样的产品形态缺乏可视化的系统运营以及3D交互的界面展示，并不是金融安全平台的最佳呈现方式。

交谈之后，章书意识到，如何简单明了地展示金融乱象的聚集区域和金融风险的变化趋势，如何构建易于观察、方便维护且能够持续升级的运营平台，将是灵鲲新的突破方向。

来自该市金融局的专业建议叠加灵鲲团队的技术优势，三周之内就创造出了极为丰满的解决方案——“大数据金融安全平台”初具形态。

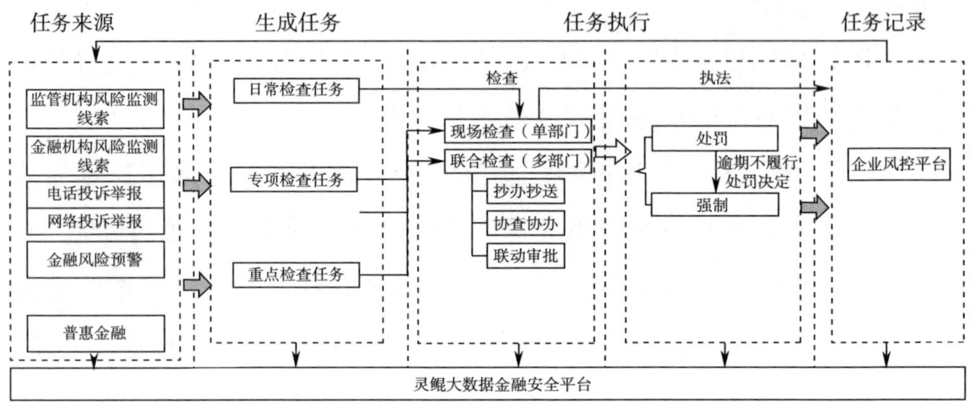

图 3　灵鲲平台的金融风险预警模式

四、好运接二连三

三个月后，又是一个偶然的机会，章书代替腾讯另一团队的同事去参加深圳金融办的一个学习会议。没想到，代为参会的这一天，也就成为了深圳金融办与灵鲲确定合作意向的当天。

“政府部门的办事流程相对而言比较严谨、周期较长，但是这个项目实在是太快了！从初步接触到确定意向在半天之内全部完成，速度之快甚至出乎了我们自己的预料。”回忆着那天双方一拍即合的场景，章书的脸上仍带兴奋。

在几个月后的 2017 中国深圳 FinTech（金融科技）全球峰会上，腾讯公司与深圳市金融办正式签署战略合作协议，基于深圳地区金融机构的灵鲲金融安全大数据监管平台就此亮相。

合作协议规定，在此次合作中，灵鲲需输出两方面能力：一是灵鲲能够公开获取的、指向金融机构运行安全的相关数据，二是分析整理数据、形成风险预警的技术能力。

而金融办方面需要提供的，则是与批量金融机构相关的政务数据，比如企业的工商数据、纳税情况等。双方提供的多维信息通过数据融合和交叉验证之后，能够更加准确地对目标企业进行合理打分和风险量化，进而对整治金融乱象提供有力线索。

具体而言，基于腾讯自有数据及监管单位本地数据，灵鲲致力于数据打通，通过量化常规金融业务、准金融业务、类金融业务的风险，形成人工指标，实现金融安全风险决策引擎模型的初步确认；随后，灵鲲将对具体的金融案情进行机器学习并生成风险量化指标。最后，经过人工指标和机器学习生成的指标反复互相校验和优化，灵鲲向监管部门提供风险提示。

“但是当时的地方金融办往往都还缺乏这方面的数据准备，所以我们那时决定，先上线平台，再补充数据、整理能力。”章书表示，预警平台以私有化的方式部署在金融办的系统内部，最初只是应用了腾讯方面能够公开获取的企业数据进行风险分析。

关于灵鲲对于数据安全的绝对保障，章书尤为强调。“私有化本地部署的方式，能够彻底解决数据安全的问题——与灵鲲合作，地方金融办不需要把政务数据提供给腾讯方面，所需数据将会在已经嵌入政府体系的平台内部运行，加之腾讯方面提供的风险线索，平台内部自行交叉验证和风险量化，得出的分析结果也会以可视化的形式在平台界面中简明呈现。”

经过后续的整合与调试，目前的灵鲲可锁定监管对象进行监管科技管理，实现监测、分析、模型拟定、欺诈定型等全流程管理。平台覆盖传统、创新、未知等金融风险，其中分析方向包括人员流、设备流、信息流、资金流，实现实时监测，实时止损，实时展示数据链接。

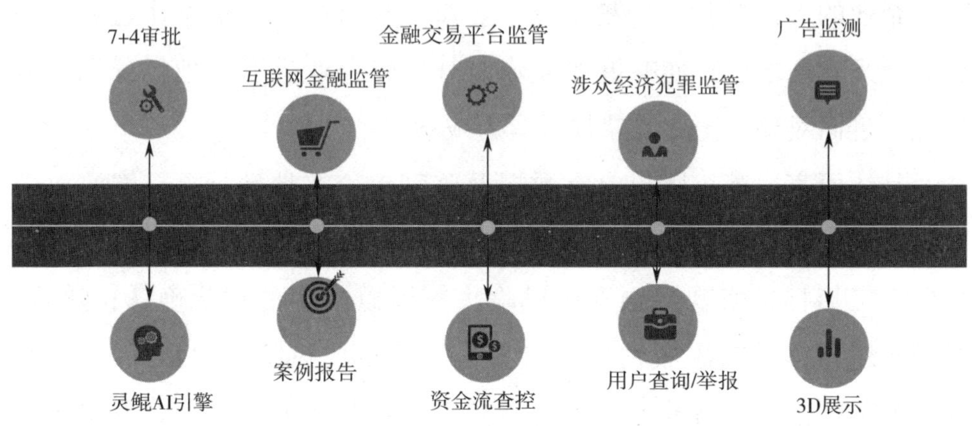

图4　灵鲲平台监管科技的特点与优势

从深圳起航，灵鲲金融风险监管平台目前已经服务于国家市场监督管理总局以及北京和深圳金融局等多个省市政府机构。通过和原国家工商总局合作成立网络传销监测治理基地，灵鲲能有效感知整个互联网金融机构的运行态势。

五、灵鲲走向成熟

现在的腾讯灵鲲，已经发展总结出了“深圳模式”——融合灵鲲监管科技平台能力和深圳金融办的整合数据资源，基于人工智能的平台识别、数据挖掘的多维度信息关联、知识图谱的平台风险指数计算、涉众人数增长异常规模预警这四项技术，全面监测活跃于网络的地方金融风险。

据章书介绍，这一预警平台能够突破算法、算力、数据三大瓶颈，构建防控地方金融风险的“天罗地网”：

一是整合深圳市42家单位的近500项行政资源数据、互联网企业储备的金融黑产数据和金融业务风险数据，以及银行和非银行支付机构非法集资资金账户线索数据，通过数据清洗、建立数据仓库、AI智能分析、交叉比对等措施，实现对全市各行各业300余万户工商企业金融活动的全面监测。

二是针对网络借贷、众筹、交易场所、外汇交易、虚拟币交易等非法金融活动易发领域，运用机器学习技术对具体的金融案情进行风险量化分析，并经过人工设定指标和机器学习生成的指标反复互相校验和优化，建立多维度监测预警模型、非法集资资金账户异动模型等，以风险指数的形式精准提示非法金融活动风险，实现对各类非法金融活动的全面、快速、准确预警。

三是设计了地方新兴金融机构非现场监管体系，利用平台监管报表及评级评价体系对地方新兴金融机构的信用风险、经营风险、操作风险、管理风险等进行准确监测和评估，实现对全市20多万家新兴金融机构的穿透式非现场监管和主动式风险治理。

四是依托平台搭建金融风险发现、预警、处置全流程智能化协同体系，将以往部门联动主要集中在事后处置环节，扩展为协同开展事前预警、事中防控，筑牢早期干预和处置退出防线，实现金融风险“主动防范、联合处置”和“早识别、早预警、早发现、早处置”。

而“深圳模式”的威力，可从灵鲲配合公安部门攻克2017年两桩传销大案的过程中窥见一二。

故事要从2016年说起。彼时，一家组织以“精准扶贫”为名，谎设超高收益作为诱饵，采取“拉人头”方式在网络平台大肆发展会员，短短一年时间裹挟群众逾500万人。

为何看上去平平无奇的“慈善事业”能够发展得如此迅猛？原来，该组织以慈善的名义讲述一个“共富神话”：会员只要按一定标准投资，可以很快收回本金，并获取高额回报。同时，通过不断发展下线，随着会员层级提高，还有源源不断的获利。

“共富神话”不过是一个通过拆东墙补西墙来瞒天过海的“庞氏骗局”。数亿元资金在慈善的光环之下，全部进入了该组织背后头目的个人腰包。

由此看来，打着“金融创新”旗号的金融诈骗、金融传销不仅善于伪装、隐蔽性强，而且名目繁多、花样翻新，一再挑战着监管部门的神经。加之互联网环境中的金融业务日渐呈现出混业化、多元化、跨地区化特征，也在客观上增加了监管规则的适用困难。

不过，该组织的传销行为没能逃过灵鲲的法眼。在打击该诈骗案件的过程中，部署在政府私有云中的灵鲲提供了从“事件早期、影响范围小”阶段的持续分析和预警，同步配合了该传销大案的后期处置。

事实上，类似的金融诈骗现象近几年来频繁出现。与其他形式的诈骗相比，金融诈骗的危害往往更大，波及人群更广，涉案金额巨大。在巨额利润的驱使下，诈骗分子也在持续进化，许多传统的诈骗手法更是借助互联网这一“放大器”死灰复燃。

2017年年底曝光的另一网络平台大案再次轰动一时。以完成广告任务获取高额收益为诱饵，该平台收取用户保证金，采用吸收新用户资金兑付老用户本金及收益等方式，向社会不特定公众吸收巨额资金，涉嫌非法集资犯罪活动。

据该平台宣传，其项目年化收益率高达50%以上，其收益组成＝

任务收益 + 签到收益 + 推广收益 + 体验任务收益。而事实上，拉人头推广收益在其中占了很大比例，暗中助推大量投资者蜂拥而至，涉案金额高达300 亿元。

而凭借“基于人工智能的平台识别、基于数据挖掘的多维度信息关联、基于知识图谱的平台风险指数计算、基于涉众人数增长异常规模预警”这四项技术，灵鲲成功识别出了该平台的严峻风险，助益地方监管部门及时介入调查，进而有效防范该平台风险蔓延。

六、交出亮丽成绩单

深圳市金融风险监测预警平台运行以来，不仅在深圳本地的金融风险防控上取得明显成效，而且在跨区域金融监管合作以及服务中央政府方面也取得了一定的经验。深圳金融安全大数据平台向河北、四川、福建、广西、浙江、上海等多个省市移交风险线索，协助国务院处置非法集资部际联席会议办公室分析多家风险企业，向国家市场监督管理总局预警了高危传销平台 20 多家。

在与深圳金融局的深入合作中，灵鲲平台还加强了专项能力建设，进一步深耕 P2P 和 ICO 平台安全。

数据显示，灵鲲已对深圳 25 万多家从事金融业务的企业做了初步分析，并对其中的 11354 家做了重点分析，识别出多家风险企业，针对 P2P 和 ICO 平台进行专项能力建设，掌握 P2P 平台 2 万多家（高危平台占比超过 50%）、资金盘等高危金融平台 800 多家、虚拟币传销平台 200 多家。

与此同时，灵鲲还发挥了腾讯面向 C 端用户的优势，在 2018 年 6

月专门推出了用于攻克各种金融诈骗的微信小程序“灵鲲金融风险查询举报中心”。任何用户都可以在小程序上查询、曝光和举报非法集资和传销等金融诈骗行为。

一方面，用户输入相关组织名称，就可以查询某组织是否被法院审理或者被媒体曝光为风险传销组织，类型包括但不限于传销、非法集资、网络投资理财、网络贷款等。另一方面，用户还可以通过该小程序进行举报，如果举报某一个公司涉嫌非法集资等行为，需要留下证据，举报中心会将这些数据和证据转至灵鲲平台进行分析。

由此，在多方有效数据的助力下，灵鲲大数据监管平台可以在网站上实时显示被监管公司或个体的情况，可以根据可信度由低到高排序，可信度较低的公司尤为需要监管，监管的方面包括 P2P、非法集资、贷款、传销、投资理财等。

通过对 3400 多家传销平台和 3000 多万名传销参与者进行分析，灵鲲平台已经帮助工商部门预警了高危传销平台 20 多家，万福币、U 币、中非币等此前被媒体曝光或公安机关打击的传销币赫然在列。

腾讯公司近期也公布了灵鲲在金融科技监管服务领域的成绩单：自上线以来，灵鲲已经累计监测出非法集资金融风险平台 1. 1 万家，上报超过 7 万条非法集资平台网站、APP 线索，日拦截传销等非法集资网站逾 1000 万人次，输出案件线索报告 500 余份，其中不乏花生日记、云联惠、云集品、权健等典型案件。

七、在快车道上狂奔

“在与政府部门联合打击金融黑产和非法类金融平台的过程中，我们发现灵鲲平台已经具备了助推普惠金融的能力。”

章书认为，实现普惠金融的原理与联合监管部门识别金融风险、防范金融乱象的原理是一样的，但是目标范围需要扩大。平台的监测范围除了要覆盖此前的常规金融业务、准金融业务、类金融业务外，还需覆盖全量的中小企业。

具体而言，通过公开信息检索、舆情监控、文本挖掘、可疑交易分析等技术方法，灵鲲平台能够将中小企业的相关数据信息加以整合分析，对部分金融违法行为提早发现，对风险账户予以标记。再通过私有化部署的方式将平台嵌入商业银行的网络体系中，就能有效帮助解决当前广为关注的中小企业“融资贵、融资难”问题。

“从某种意义上来看，帮助商业银行量化识别中小企业的风险系数，拦截高风险企业、保留低嫌疑企业，其实就是在保证货币成本、降低货币损失，所以能够帮助银行和政府以更加低廉的货币成本给小微企业发放贷款，进而实现普惠金融。”章书说道。

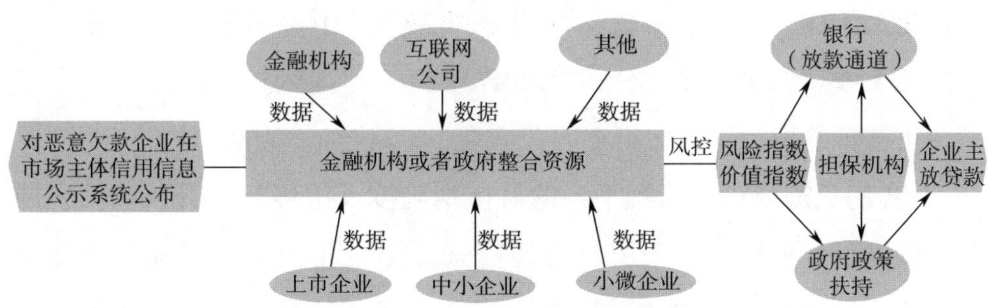

图 5　灵鲲平台助力普惠金融的创新模式

在意识到灵鲲平台的这一潜力后，灵鲲团队再次火速出击，主动接触各大商业银行。果然，团队成员接触到的许多银行都表示恰有需要。其中一家银行，就对灵鲲团队提出了一个明确需求：消灭黑中介！

原来，随着贷款业务与信用卡业务的发展，不法分子发现了一个新行当：以“快速办理贷款”或“帮助办理高额度信用卡”为名，引诱那些不符合办卡条件或者资质不佳的客户，篡改他们的材料信息以骗取银行的信用额度。

黑中介为申请人准备的申请资料，可谓是精心炮制的虚假信息。对于这类欺诈案件，各家银行向来是严厉打击，已经积累了数十年的风控经验。即使一时蒙混过关，如果借款人在将来的还款过程中被银行发现资料前后不一致，仍然可能会被银行拉入黑名单，终止信用服务。

这样看来，各家银行必然也已经建立了自身的风控体系，为何还需要灵鲲平台帮忙呢?

章书介绍道，灵鲲不仅可以实现业内一流水平的风险识别精确度，还可以“把其他风控系统拒绝的一部分好用户捞回来”。

不妨来算算这样一笔账。对于银行来说，一个用户的获客成本可能是几百元钱，而通过一般的信用卡风控体系拒绝可疑用户的成本只需要几毛钱。如果一个用户本无欺诈动机，却因风控系统的自身命中率缺陷被拒绝掉，这对银行而言无疑是一笔不容忽视的损失。

“我们只需要借助灵鲲平台的最优精确度，把银行自身风控系统或友商风控平台拒绝的一个用户再捞回来，那就相当于变相地帮银行节约了几百元钱的获客成本。一个用户节约了几百元钱的话，如果我们能帮银行捞回来1%、2%的客户比例，那么灵鲲所能创造的价值是巨大的。”章书说道。

由此看来，灵鲲的独特之处，在于其对于反欺诈业务的探索思路更为先进。事实上，灵鲲团队很快就收到了来自这家银行的捷报反馈——“捞回来”策略确有速效。

章书进一步解释道，“为什么我们能够帮助银行从已经拒绝的用户里面识别出可以贷款的？一是视角不一样，灵鲲是站在腾讯这个肩膀之上，在对抗金融黑产方面做一些力所能及的事情，所以我们对金融黑产的理解更深刻一些；二是积淀不一样，基于腾讯二十年的黑产对抗经验和海量的腾讯关系链数据，我们对于金融黑产的数据积累也更深厚一些。加之识别公开的社区论坛等散布的金融行业关键文本特征，我们可以勾勒出更为细致的风险量化结果。未来的趋势也是如此，有些风控机构不是数据的生产方，所以也无法第一时间感知金融风险、及时补充人才，因此以技术为主导、距离一手数据比较远的一些公司，未来的贡献能力可能会日趋下降。”

背靠腾讯安全和政府部门的海量数据，灵鲲平台已经实现现金贷、P2P、虚假投资理财、金融传销等场景的风险预警，主要的风险指标量化包括信用风险、操作风险、流动性风险、市场风险、法律风险、传播风险、舆情风险等多个维度。除此之外，灵鲲的风险分析还包括宏观风险指标，例如 GDP 增长率、通货膨胀率、出口变化率、投资增长率、银行存贷款变化、资产价格变化等。

目前，灵鲲已经服务于中国银行、招商银行、中信银行、京东金融等百余家银行、支付机构、互金机构、电商、O2O 平台。数据显示，灵鲲每天预警的欺诈事件达数百万次，涉及资金规模超过百亿元规模。

八、向全新领域出击

谈及现阶段灵鲲的发展是否面临着一些困难，章书思考片刻后说道："机遇与挑战并存。"

一方面，随着与政府政务数据结合得越来越紧密，灵鲲需要明确如何清晰定义数据的边界；另一方面，在当前数字城市的发展大潮下，灵鲲需要探索新的前沿方向。

章书介绍道，此前灵鲲更多聚焦于行为监管和微观监管方面的能力储备，能够在发挥自身作用的同时，为宏观监管及宏观调控提供很好的补充。但事实上，如何能够将监管规则数字化，本身就是一个非常大的难题。

- 规则输入：用自然语言描述的场景化的具体规则（10～50 条规则）
- 样本输入：符合及不符合规则的交易记录数据，以及相关用户基本数据（每条规则可能需要一条或多条交易记录以及用户基本数据来验证）

场景		输入 KEY	输出
1	高风险客户探测	IMEI、身份 ID、手机号码	对应规则 ID
2	高额可疑交易	汇款人身份 ID、收款人身份 ID、交易类别、交易金额、交易时间	对应规则 ID

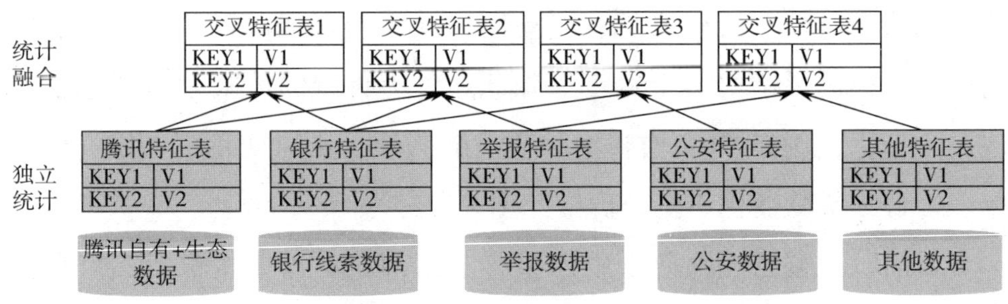

图 6　灵鲲平台探索监管规则数字化

宏观监管与微观监管的有机结合，不仅涉及数据统计与程序设计，还涉及立法执法与领导决策，各方架构的融合非常复杂。在助益政府监管部门实现金融风险防范方面，灵鲲还面临着许多尚未清晰定义的边界。

在数字城市建设方面，灵鲲同样还有很多能量没能得到释放。自2012年以来，全国数字城市建设的步伐一再加快。而所谓“数字城市”建设，必然需要大数据、互联网、云计算等技术作为支撑。落实到微观角度，如何用数字方式来量化经济、量化金融、量化法律、量化规则，甚至量化监管、量化决策，都在考验着灵鲲等科技平台的智慧。

章书说，各个领域的边界和范围还都处于定义之中，如何融入甚至如何构建数字世界新秩序，对灵鲲而言既是巨大的挑战，也是难得的机遇。

对此，灵鲲正处于积极摸索技术、主动扩展投入的努力之中。“从金融监管领域释放出来，渗透到各个行业范围，渗透到数字城市发展的多个角落，在建设数字中国的过程中承担更多责任，同时致力于将宏观调控和微观监管更好地有机融合，这就是当前团队成员的愿景所在。”章书认真表示，“也由此，我们希望从此前的灵鲲框架中跳脱出来，发展成为新的概念——金融安全智慧超脑。”

2019年5月，在腾讯全球数字生态大会的腾讯安全专场论坛上，如何预判和解决不同产业在数字化转型过程中的安全问题，再次成为此次论坛的探讨焦点。在备受关注的金融安全领域，腾讯副总裁马斌首次正式公布了目前腾讯安全正发力打造的金融安全解决方案——主动防御型“金融安全智慧超脑”。

根据马斌的介绍，此次推出的“金融安全智慧超脑”概念，将会整合升级腾讯深耕金融安全领域多年的优势能力和头部产品，优化成为一体化的金融安全整体解决方案。腾讯安全团队将力求借助大数据、人工智能等科技力量，打造一个功能全面、覆盖多种多样金融业务场景的“超级大脑”。

当被问及这个腾讯重磅推出的“超级大脑”到底能发挥多大能量时，章书露出了有些神秘的笑容。他表示，“金融安全智慧超脑”想要承担更大的责任，在金融安全领域就不能仅仅做一个“工具”，而是要成为一个非常智能的“助手”。

目前章书团队正在做的，就是响应国家“互联网+监管”系统建设，主动拓展这颗超级大脑的知识边界，思考多个专业领域的数字量化模式，为能够向全行业提供监管服务和监管科技能力输出做好准备。

知识产权保护，就是灵鲲想要重磅出击的专业领域之一。

2019年10月，一则名为“刑拘31人、案值超3亿元……起底侵权华为商标大案”的新闻刷屏各大新闻门户网站——某互联网手机维修平台利用假冒品牌手机零配件为客户提供换修服务，严重侵犯了华为等品牌手机的商标专用权。

然而，该涉案平台公司虽然总部设在重庆，维修点却遍布全国，加之采用线上线下相结合的交易方式，警方很难掌握足够有力的犯罪证据。不过，据深圳市市场稽查局介绍，灵鲲的知识产权保护系统在此次案件办理中提供了有效助力。

原来，通过系统利用灵鲲的安全大数据及分析能力，充分发挥灵鲲在黑灰产知识图谱方面的优势，能够实现对全网市场主体经营活动进行实时监测，及时发现违法违规线索。灵鲲与公安部门紧密协作，成功实现对违法犯罪分子“精准打击”。

“适应互联网时代发展的新型执法工具，正在成为查办网络案件的‘神助攻’”，据深圳市市场稽查局介绍，在此次案件办理过程中，灵鲲通过全网监测发现违法违规线索，到对涉案公司网站、APP、公众号、网络交易平台等相关网络数据和环境进行有效分析和提取，对相关电子订单数据、财务数据等进行有效核查和固证，共调取相关电子销售证据23万条，确认了大部分线索对应的违法事实，为案件成功侦破打下了坚实的证据基础。

由此看来，灵鲲在助力建设“互联网+监管”系统方面还蕴藏着不可忽视的能量。至于这颗正处于孵化过程之中的超级大脑还有哪些威力，或许可以从最近腾讯与河北省政府的战略合作内容中略探一二。

在2019年10月于河北省石家庄市举办的2019中国国际数字经济博览会上，河北省政府与腾讯公司正式签订战略合作协议，旨在加速河北省的数字经济发展和智慧城市建设。腾讯安全表示，将进一步挖掘自身潜能，构建更加全方面的安全行为数据库，帮助河北省实现虚假食药监测、网络广告监测、网络传销监测预警、市场舆情监测、知识产权保护、移动电商监测、品牌保护、企业经营监测等多个场景的有效监管。

从食药安全到品牌保护，从知识产权到移动电商，从企业经营到市场舆情……这一次，灵鲲神兽已经开辟出了新的海域。能否再次身居深海而洞悉万象，能否重现“不鸣则已，一鸣惊人”，能否在数字城市的全新蓝海中爆发能量而后扶摇直上，我们且看。

冰鉴科技：

坚守底线的大数据智能风控

四季轮回，草木枯荣。每一年的9月，都是收获的季节，谓之“金秋”。但是2019年的9月，对于大数据行业来说，“收获”的却是一个多事之秋。从9月6日开始，国内大数据行业的公司遭遇了一轮前所未有的风暴洗礼，因为涉及利用爬虫技术不正当窃取用户数据、滥用用户信息进行暴力催收等违法违规行为，多家知名大数据公司或停止服务，或高管被警方带走。行业内人人自危，倍感惶恐。

这一次数据行业的“地震”，波及的范围比想象中的要广，影响的程度也比预计要深。这标志着大数据行业的监管环境和市场环境均发生了较大的变化，各级监管部门开始严格规范大数据行业，尤其在征信和营销领域的监管更是显著趋严。

其实，监管层对于大数据合规应用高度重视早有端倪，至少冰鉴科技的创始人顾凌云是真真切切地感受到了。

时间回到2018年的8月，在金融城“第三届金融科技创新案例评选”最终评审的答辩现场，第一个上场答辩的顾凌云正经历着一场“暴风骤雨”。作为来自大数据行业的创新案例，一下子吸引了在场所有评审人员的高度关注，一个个专业、深刻甚至有些尖锐的问题接踵而来。

“你们公司的数据源都包括哪些？”

“你们这种为金融机构做风控服务的大数据公司不少，有些一直游走在灰色地带，你们公司有什么不一样的特点？”

“小微企业的数据从何而来？怎么才能利用数据识别小微企业真实身份和确认相关信息？你们是如何利用这些数据建立模型的？”

“你们用大数据也好，人工智能也好，最后的实际效果如何？小微企业贷款的利率能降多少？”

“你们是云服务，那为银行提供风控支持的时候，数据是放在哪里？评估完成之后，你们留不留数据？”

局面有点像著名的六大门派围剿光明顶，但顾凌云却不能像张无忌那样用乾坤大挪移闪转腾挪来应对，必须一一正面作答。顾凌云一再强调冰鉴科技不倒卖数据、不碰资金业务、只输出风险评估结果而不会泄露用户隐私数据之后，在场的评审人员才“放过”顾凌云。此时，原定10分钟的答辩时间，已经延长到了30多分钟。

一、美国ZestFinance历练

上面提到的“不倒卖数据、不碰资金业务、只输出风险评估结果”这三大原则底线，与顾凌云在美国的工作经历有密切的关系。

2008年底，顺利拿到卡内基梅隆大学计算机博士学位的顾凌云，

正在面临一场新的选择：是继续在学术上深造还是到商界闯荡？这时，太太的一句“之前的积累已经足够，你应该到外面去闯一闯”戳中了顾凌云的心，他决定放弃已经成功申请到全额奖学金的普林斯顿大学国际政治方向的博士学位，到商业界试一试。

2009 年，顾凌云进入美林证券，在旗下的对冲基金里面做高频交易。两年后，时任谷歌首席信息官的道格拉斯·梅里尔，邀请他和几位志同道合的朋友共同创立了 ZestFinance。公司一开始的名字叫 ZestCash，Zest 在英文中是狂热的意思，所以创业团队最早是希望在现金领域中能够狂热起来。后来，公司更名为 ZestFinance，专注于提供信用评估服务，希望在整个金融领域能够通过大数据狂热起来。

提到美国的个人信用评分，就不能不提大名鼎鼎的 FICO 信用分。FICO 所服务的主要客群是已经在信贷领域中有过历史记录的人，比如已经在银行里面开过户或者办理过信用卡，而且还曾经借过车贷或者借过房贷。对于这些客户来讲，实际上是已经有过借贷的记录，该客户历史上借钱之后是否还钱是一目了然的。这样的主流人群占美国人大概 85%，也就是 FICO 占据了美国个人信用评估市场 85% 的份额。美国三大全国性的个人征信机构——Experian、Equifax 和 TransUnion 基本都采用了 FICO 的评分系统。

但随着信贷市场的进一步发展，FICO 信用评分由于单一的标准、严苛的门槛和片面的评估结果而饱受诟病。因为它的评分模型只考虑与信用行为直接相关的项目，也就是说，使用了多少信用额度，或者在过去 6 个月里是否有逾期付款。具体来看，评分模型主要由偿还历史、信用账户数、信用年限和已用信用产品等组成。但是，没有信用记录的人也可以是个好客户。据统计，超过 15% 的美国人没有银行账户，或者根本没有信用记录。特别是对于刚步入社会的年轻人来说，目前的评分系统只会阻碍他们获得信用贷款。

ZestFinance 针对的就是这 15% 的客户群体，旨在利用大数据技术重塑信贷审批过程，为难以获得传统金融服务的个人创造可用的信用，降低他们的借贷成本。对于在这个过程中用到了哪些大数据，顾凌云介绍说，这里面包括客户开的是什么车，甚至是车的颜色；还包括客户的教育学历，现在入住在什么样的社区里；还有在填申请表的时候，在每一页填写的具体过程中，是有来回返错还是一路高歌猛进，很快就把表填完了；客户选择的手机运营商是哪一家，工资是半个月还是一个月发一次，名字有没有大小写区分；等等。

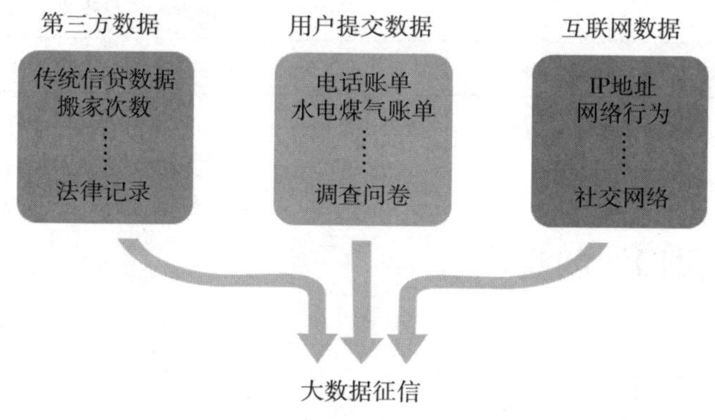

图 1　ZestFinance 的大数据来源

顾凌云表示，所有这些数据的应用，在以前的信贷领域和 FICO 的评分当中都是不会出现的。但是这些看似非常小的变量，聚沙成塔、集腋成裘之后，就变成了大数据风控当中最核心的数据。在 ZestFinance 三年的时间里，顾凌云一手搭建起整个技术模型团队，完成了对没有信贷记录借贷者进行信用评估的模型。与传统信贷管理业务比较，

ZestFinance 的处理效率提高了将近 90%；风险控制方面，ZestFinance 的模型相比于传统信用评估模型性能提高了 40%。

表 1　传统的信用风险评估体系和基于大数据的信用评估体系的比较

项目	传统信用风险评估体系	基于大数据的信用风险评估体系
服务人群	有丰富信贷记录的	缺乏或无信贷记录的
数据格式	结构化数据	结构化数据 + 大量非结构化数据
数据类型	信贷数据	信贷数据、网络数据、社交数据
理论基础	还款记录、金额、贷款类别	传统数据、IP 地址、邮箱姓名、填表习惯等网络行为
变量特征	几百 K 数据	几百 M 数据
数据来源	银行提交给第三方的数据和银行自身数据	第三方（如电话账单和租赁历史等）和借贷者本身提供的数据
变量个数	15 ~ 30（变量库 400 ~ 1000）	多达几千到一万个

资料来源：《大数据征信应用与启示——以美国互联网金融公司 ZestFinance 为例》，金融城整理。

二、“风口”创业

2013 年底，顾凌云加入了全球知名风险投资机构 IDG，成为驻站企业家。那段时间，顾凌云成为往返中美两国的“空中飞人”，每个月会留出近 10 天的时间回到国内。也正因为如此，得以亲身体验到了国内互联网金融行业的飞速兴起和野蛮生长，亲眼目睹了这些“搅局者”盲目跟风式的模仿和风险意识的淡漠。

合规“风口”

到了 2015 年，中国人民银行等十部门联合发布了《关于促进互联网金融健康发展的指导意见》，整个互联网金融行业迎来了一场“血雨腥风”，监管、坏账、跑路这些字眼充斥着各个媒体，搞资金池、非法吸收公众存款、非法集资和网络诈骗的犯罪行为时有发生。创业者这才意识到尊重金融行业的本源，以及重视合规与风控才是行业立足之本。

在顾凌云看来，这也是一个风口。当然这不是那种猪也能飞起来的“风口”，而是整个市场已经被教育好，是时候入场了。

宏观与市场的风口

除此之外，顾凌云认为在2015年还有三个重要的风口汇聚在一起：

第一，从宏观经济的大环境看，中国改革大部分的其他红利基本被释放完毕，包括教育改革、医疗改革、住房改革等。但是中国金融体制改革中的红利还没有被完全释放。特别在2012年之后，因为改革进入深水期，国家高度重视盘活中小微企业的活力。而对于中国这样一个有14亿人口的大国来讲，居然没有完备的针对中小微企业的信用评估体系。

第二，中国的人口红利正在快速消失，老龄化问题已经变得越来越严重。以前企业想要提升生产效率和生产能量，直接招聘适龄劳动力就可以了。现在不行了，中国的人口增长变得越来越缓慢，即使放开了二胎，总的新增人口仍然在减少。当下来看，任何一个企业想要提高生产率的时候，不能简单地通过人力堆砌完成，而是要通过金融、科技、管理等各个方面的企业级服务来实现。

第三，从2012年开始，整个中国对于大数据进入了疯狂的追逐期，但是到2015年，大家才慢慢对于大数据、人工智能开始有了越来越清楚的了解。这股狂潮退去之后，在真正有应用场景的地方大家开始生根，没有应用场景的地方就逐渐被抛弃了。

大数据和人工智能算法的兴起、金融改革的深化、征信体系完备的需求以及提供企业级服务（toBusiness）的机构将迎来的春天，这多重风口加在一起，才让顾凌云下定决心离开 IDG，离开舒适的投资人生活。得益于之前在 ZestFinance 的创业经验和 IDG 的投资经验，顾凌云更能准确地把握市场的机会和痛点。

2015 年 6 月，顾凌云回国创立了冰鉴科技，从投资人又做回了创业者。

三、何以“冰鉴”

“冰鉴”一词，出自晚清名臣曾国藩的一部关于相人识人的作品《冰鉴》。在顾凌云看来，曾国藩相人识人的学问与冰鉴科技利用大数据和人工智能，根据小微企业方方面面的信息对它们做出风险评估有相似之处。

万事开头难

即使把握住了风口，冰鉴从 0 到 1 的过程还是和许多创业企业一样十分艰难，这主要是中美两国在大数据和风险评估领域基础设施上的显著差异造成的。

冰鉴科技定位于以大数据和人工智能算法为驱动，对小微企业和个人提供风险评估服务。这里面数据是最重要的“生产资料”，偏偏就难在了这里。

美国当下的产业环境中，征信的产业链经过100多年的发展已非常完整。除了三大征信公司，还有一些专门搜集细分领域数据的公司。在数据搜集环节，产业非常成熟。但当时国内整个底层数据搜集比较薄弱，因此对于冰鉴这样强于数据分析而做数据增值的公司，一开始就面临着“巧妇难为无米之炊”的局面。

因此一开始冰鉴接触了很多机构，包括像银联这样的行业“巨无霸”，希望运用这里的消费者数据，做出一些能够大规模推广的数据模型。但同样遭遇不顺，当时银联数据的覆盖程度也存在不足。因为银联搜集到的只是客户银行卡上的数据，在很多情况下，不管是个人还是小微企业申请贷款的时候，所提供的银行卡不一定是常用卡，这就导致了数据难以匹配，无法很好地完成风险评估。

在这种情况下，冰鉴开始只能更多地做一些咨询的项目，帮助这些公司基于自身已有的数据，去分析、建模，并进一步做出决策。这个“第一步”，导致无法形成一个标准化的产品，只能一个项目一个项目去做。但好处是让整个团队逐渐了解了国内金融市场的特点，摸清了信贷行业的秉性。

一步一步熟悉起来之后，了解到在中国需要纯信用贷款的大概是什么样的长尾人群。就这样，冰鉴慢慢地找到了适合自身也适合国情的商业模式——B2B2C，直接服务于金融机构，所以叫 toB，再由金融机构来服务小微企业和个人借贷对象，也就是 toC。

发力小额高频

冰鉴在帮助金融机构为这些长尾客户服务的时候，主要聚焦于三个关键词——小额、高频、自动化。

传统金融机构提供信贷业务的时候，房贷也好、车贷也好，额度都比较大，均在几十万元到上百万元。而个人的金融需求，更多是几千元、几万元，一般不会超过三十万元。小额的金融需求，代表这个场景频率非常高。这对数据和算法是有好处的，只有在这样的场景下，才有足够的样本进行训练，才能通过模型发挥它的价值。

金融机构拥有大量的小额高频样本，但同样面临着一些问题：

第一个是人才方面。比如各种农村商业银行和城市商业银行，这些银行相比于五大行或者股份制银行，更愿意做下沉的服务。对于这样的机构来讲，面临的一大问题在于数据分析人才的缺失。他们很想自主分析现有业务中积累的数据，但是数据分析特别是核心风控领域的人才，相对来说非常有限。再加上这些城市商业银行和农村商业银行不在一二线城市，在招募人才的过程中有很大的劣势。即使能够给出同样的薪资，也不一定有足够的竞争力吸引到这样的人才。这样的机构，对冰鉴这样的第三方服务商就有很强的合作需求。

第二个是业务方面。传统银行提供金融服务的时候，依赖的是客户经理，需要线下通过客户经理一个一个审核个人和小微企业才能做出评估。相比于银行和传统金融机构，一些互联网巨头反而在线上服务于这些个人和小微企业方面比较领先，比如大家都耳熟能详的一些产品，像花呗、借呗、微粒贷等。但大部分银行，特别是一些区域性中小银行如果直接与这些互联网巨头们合作，双方在金融科技方面完全不在一个量级，银行缺少话语权，很容易沦为这些巨头们的“资金批发商”。对于冰鉴这样的第三方机构就不存在这样的问题。通过与互联网巨头的合作，汲取业务模式、风控模型和贷后管理等方面的先进经验，再把这些经验应用于和传统金融机构合作的过程中，帮助这些机构完成“进化”。

深耕小微企业风险评估

顾凌云认为，风险评估“皇冠上的明珠”是小微企业的风险评估，而不是个人风险评估。之所以称之为“明珠”，主要原因有以下几点：

第一，小微企业风险评估的数据更加离散，技术门槛高。例如万条数据源已经能做出比较好的个人风险评估模型，但难以做小微企业模型。因为各行业间完全不同，数据不能整合。而且小微企业受创始人或股东影响非常大，如果公司负责人变了，即使完全相关的历史数据也不能统一建模。所以小微企业数据天然有离散性和稀疏性，导致在数学建模过程中需要更强的技术实力完成。

第二，小微企业的数据更加丰富。企业在互联网上留存的经营信息、企业涉诉、知识产权、对外投资和招聘信息、舆论对企业的看法等，都可以通过自然语言处理的方式对接。还可以直接跟政府部门进行数据源对接，包括银行交易流水信息、财务、税务信息等。

第三，中国法律法规对个人风险评估的监管会越来越严。在美国不能使用的很多变量现在在中国都可以用，例如户籍是农村还是城市、性别是男是女、年龄、民族背景等。未来随着监管的加强，个人风险评估的很多信息都将不能使用。但反过来，因为小微企业的信息本来就该是公开的，所以在小微企业风险评估的监管上要比个人略微宽松，这会让第三方大数据智能风控企业有更多施展的舞台。冰鉴也可以更好地发挥技术能力把小微企业作为切入点，对小微企业的经营数据、股东、贷后数据进行评估，完成对整个小微企业贷款的生命周期的评估。

小微企业建模由四个部分组成：一是在获得合法授权的条件下，对企业实际控制人以及董事、监事、高管人员的个人风险评估；二是对企业本身运营数据建模的风险评估；三是行业的定性分析；四是利用自然语言处理对企业的舆情作分析。这里面的难度在于数据的采集。个人风险评估一般收集到相关信息后就能够对其进行分析，因为年龄、学历等信息都是不可逆的。而企业则不行，老板、经营方式都可以更换，数据造假成本也不高，因此小微企业的历史数据很难直接用来建模分析。

在这方面，冰鉴的解决方案是在获得用户授权的情况下，接入各种第三方数据通道，一般来说，搭建一个风控准入模型会涉及200个到500个变量，反欺诈模型甚至会有2万个到3万个变量。形成一个小微企业贷款风控的完整周期，包括对小微企业经营数据的评估，对小微企业股东的评估，以及对小微企业贷后数据的评估。

构建SaaS+PaaS“护城河”

顾凌云表示，冰鉴一直坚持做的是一家SaaS公司，希望主打的是标准化产品。当然在实际上为了市场竞争的需要，商业模式也做了一些改变，现在的模式实际上是SaaS加上PaaS的模式。

通常云服务有三种服务模式：SaaS（软件即服务）、PaaS（平台即服务）和IaaS（基础架构即服务）。

SaaS是利用网络向其用户提供应用程序，这些应用程序由像冰鉴这样的第三方供应商管理。大多数SaaS应用程序直接通过Web浏览器运行，不需要在客户端进行任何下载或安装。SaaS的好处是通过大大减少安装、管理和升级软件等繁琐任务所花费的时间和金钱，为客户

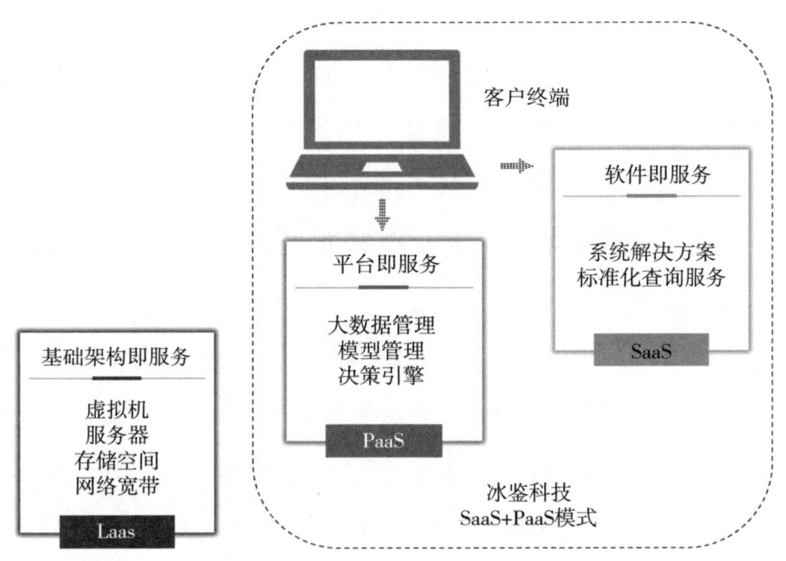

图 2　三种云服务模式关系及冰鉴科技的服务模式示意

提升效率的同时降低成本。

PaaS 提供软件部署平台，不用再关注硬件和操作系统细节，可以无缝地扩展。客户只需要关注自己的业务逻辑，不需要关注底层。顾凌云表示，之所以引入了 PaaS 层靠近 SaaS 的那一部分服务，是希望用一个统一的平台来管理来自不同方向和渠道的信息、规则、数据和模型。

冰鉴自 2018 年上半年开始，已逐渐向 SaaS + PaaS 模式转型。此前冰鉴主打的是 SaaS 产品，为各类金融机构提供标准化 SaaS 查询服务以及完整的嵌入银行及其他金融机构业务流程的系统解决方案。有了可以处理来自不同渠道的数据、模型和规则的 PaaS 平台之后，冰鉴可以快速进入各个场景。

顾凌云表示，转型背后还有一个主要原因，就是构筑业务的“护城河”。目前，市场上模仿冰鉴的公司很多。但现在的 SaaS + PaaS 模式被模仿的可能性就很小了。原因在于：第一，冰鉴可以提供非标准化业务，通过底层标准化的模型模块，快速地组合出完全不同形态的产品；第二，PaaS 就像一层防火墙一样，把模型和最核心的东西部署在自己的系统上，再通过防火墙和 API 来跟外面的 IT 系统进行对接，这也是用技术手段保护了冰鉴的产品。

具体到产品形态，冰鉴先是推出各类风险评分标准查询产品（SaaS），如火眸、慧眼、天瞳、景从等风险评分产品。2018 年上半年，冰鉴开始推出包括智能风控决策引擎、标准指标管理平台和模型管理系统在内的系统产品（PaaS），做定制化输出，形成了 PaaS + SaaS 的产品体系。

换句话说，对于金融场景中企业方的需要，冰鉴所提供的 SaaS 产品基本覆盖了包括大额贷款、小额贷款、消费分期、以核心企业为主的供应链/产业链金融等主要场景，覆盖程度高且标准化。

PaaS 产品则包括智能风控决策引擎、标准指标管理平台、模型管理三个系统，分别用统一平台管理企业不同的规则、数据和模型。PaaS 和 SaaS 核心模块连成一体，与金融机构的业务联系更加紧密。经过不断迭代，PaaS 产品的标准化程度达到 90%，平均交付周期在数周内。

不忘初心与技术突破

在有关冰鉴的各种新闻报道中，顾凌云一再强调公司运营的原则底线——不倒卖数据、不碰资金业务、只输出风险评估结果。坚持初心的“代价”，就是放弃了很多赚快钱的机会。

顾凌云笑言，冰鉴科技在发展过程中遇到的诱惑，要远远多于遇到的挑战。比如2015年公司刚成立"嗷嗷待哺"之时，国内风控行业的"潜规则"还是用户的隐私数据可以随意买进卖出。个别号称做风控的企业，其本质都是通过贩卖数据牟取暴利。冰鉴在这时经受住了诱惑，守住了底线。也正是这样，冰鉴才能在2019年9月开始的监管风暴中安然无恙，而那些随意买卖隐私数据的公司则一夜之间全部灰飞烟灭。

另外，2016年消费金融和现金贷开始红火了以后，很多做风控的公司全部跳进去了，因为完全不能经受高额利差的诱惑，纷纷放弃了"独立第三方风控"的原始定位，开始涉及资金业务。但好景不长，2017年12月《关于规范整顿"现金贷"业务的通知》出台之后，这些放贷和助贷机构开始面临着越来越紧的监管和约束。时至今日，大部分涉及这些业务的公司已经举步维艰。

坚守底线的同时，是对研发的高度重视。这种重视促成了很多技术突破，冰鉴成立四年已经积累了一百多项软件著作权。顾凌云介绍说，冰鉴在具体研发的突破上有四个方向：第一是在自然语言处理算法上的突破；第二是在知识图谱算法上的突破；第三是在深度学习所需的数据量非常小、数据严重缺失的场景下，如何进行有效建模的突破；第四是在集成学习方向上的突破。这四个方向，都是在算法领域极大的突破，大大提升了冰鉴在同行业中的技术优势。

对于知识图谱，冰鉴科技战略合作部总经理管琄认为，这将是风控领域的下一个重要发展方向。以前对于个人和小微企业的风险评估，更多的是评估单独的个人和企业，而利用关联知识图谱则是指放在一个网络关系中共同考虑不同的个人和企业。由于人和企业生活在社会关系网络中，这中间包括企业的担保网络，包括社交行为网络和通讯网络。这些网络中相关的一层、两层，它们的风险对单点上的人的风险状况都是有影响的。通过关联知识图谱评估一个人的时候，对他关联的一层、两层的关系进行评估，可以最终获得更加准确的结果。

四、不同类型银行的创新服务案例

经过五年的发展，冰鉴已与数百家国内外金融机构和不同规模、不同领域的互联网公司展开了深度合作。这其中既有国有大型商业银行，也有农村商业银行和城市商业银行等中小银行，以及新兴的民营银行。除银行之外，冰鉴同样服务了多家持牌消费金融公司。另外，还有各个领域的互联网巨头，以及深耕细分领域的互联网金融头部企业等。全面的合作机构类型，也代表着冰鉴这种坚定在合规框架内进行大数据应用创新的商业模式得到了市场的广泛认可。

目前，冰鉴的主要业务是使用大数据和人工智能相关技术，创新地为包括银行、消费金融等金融机构提供多样式智能风控服务，如辅助识别欺诈风险和行为风险的风控模型，如包括智能风险决策管理平台、决策指标管理平台、企业监控系统、定价系统、进件系统在内的标准风控管理系统。截至目前，冰鉴个人和企业标准风控产品日调用量超过1000万次，帮助合作客户大幅提高批准率，降低坏账率。

同时，冰鉴作为国内拥有多样化模型场景经验的独立第三方智能风控服务商，还可以为各类金融机构提供模型定制服务。冰鉴将前沿人工智能技术与金融机构的具体业务场景需求深度结合，为金融机构提供专业的咨询服务和解决方案。冰鉴还以模型实验室的模式，提供面向风控全流程的私有模型建模服务，满足中大型金融机构对适用于自身业务发展需要的定制化模型的需求；更进一步，冰鉴以自身的业务积淀和技术能力为基础，为金融机构提供高效智能的一揽子咨询方案，涵盖场景金融、零售信贷、小微企业信贷等多个领域；在系统层面，为金融机构提供高扩展性的平台私有化部署及二次开发，满足客户对平台类产品特定的本地化部署和优化需求。

大银行的合作案例

某股份制商业银行计划推出无抵押无担保的小微企业信贷产品“××贷”，主要面向在该行有经营结算数据的个体工商户和小微企业主。通过人工智能技术，根据企业主及企业的资产、交易等信息自动核定额度，全流程线上办理。满足客户高频、小额的贷款需求，产品贷款额度在500万元以内，最长期限不超过三年，支持自动审批放款，可随借随还。

冰鉴与该行的合作，主要集中在提供风控模型咨询服务和开发决策引擎，以及风控业务服务引入等环节。

在风控模型咨询服务方面，冰鉴帮助该行构建了“××贷”产品贷前审批模块，包括准入规则、评分模块、决策矩阵等，实现了银行在贷前审批的决策自动化，大幅提升了信审效率。

在决策引擎开发方面，冰鉴为银行开发了决策引擎系统，实现规则和各类模型的灵活配置等功能，并与银行原有的进件系统无缝衔接。在风控业务服务引入方面，冰鉴以标准的API接口形式与银行进行对接，提供风险评分产品。同时，还提供了基于上述数据的风险规则等级评价信息，满足了银行对贷前审批的风控需求。

2018年5月，该行的“××贷”产品成功上线。过去小微企业办

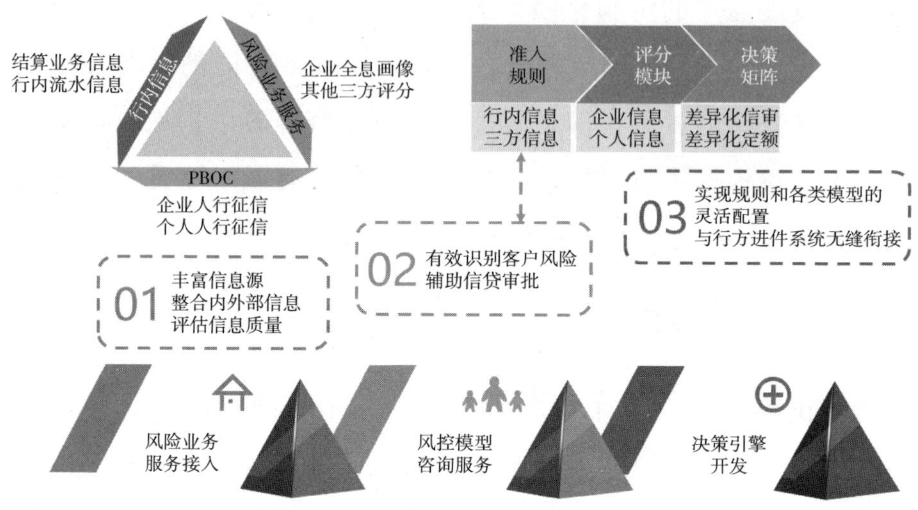

图 3　冰鉴科技针对某股份制商业银行需求提供的创新解决方案

理贷款业务，从资料提交到最终贷款发放最少需耗时一周甚至更长时间，现在由客户线上自助操作，最快全程仅耗时 1 分钟便可资金到账。

本次冰鉴科技为银行制定的小微企业“××贷”贷前风控冷启动方案，将规则、模型及矩阵策略相结合、将行内外数据相结合、将个人与企业数据相结合、将自动信审与人工信审策略相结合，在控制风险和提升效率上做到了高度平衡，得到了银行方面的充分认可。

村镇银行的合作案例

某村镇银行的主发起行是国内大行之一，其同时也是国内机构数量最多、地域覆盖范围最广的村镇银行。该行主要运用的信贷业务的风控模式为信贷工厂模式，就是以“流水线”作业方式集中处理客户的贷款申请、审批、发放、贷后管理及风险控制。就像工厂的流水线一样，每个生产流程都有专人负责，随时监督预警，并对问题贷款采取软回收、信用恢复或者清收处置等手段。

农村金融特点是分散，地理位置广，用传统的依靠人员和网点的方式，成本比较高，效率却未必高。此前，信用评估和风控数据的获取主要依靠线下渠道。在移动互联网时代，特别是进入4G时代之后，国产智能手机的发展也推动了农村手机的普及率提高。在这种背景下，完全可以通过大数据对“信贷工厂”模式进行数据驱动，以提升村镇银行信贷业务的工作效率。

冰鉴科技为该行提供了针对其目标客户的大数据信贷决策辅助服务与客户解析化服务，满足其业务拓展、风险防控等需求，同时，通过数据层面的清洗、整合和加工，提高和完善模型效果及业务决策能力，最终为更广泛的村镇人群提供智能风控服务，满足县域内不同客户的信贷需求。

在贷前环节，进行了申请规则、模型及决策策略构建。首先对客户群体进行了细分，根据不同的申请客群制定相应贷前审批策略以及定额定价策略。此外，冰鉴还细分了贷前审批风控模块，基于人工智能技术，并根据以往的风险建模经验，挖掘模型有效变量，根据效果和银行需求推荐合适模型。在贷中环节，进行了监测规则集与模型构建：结合行内外的数据，构建贷中模型进行客户排序，重点关注得低分数段客户。

基于人工智能技术搭建的这一整套智能风控体系，在实际业务中能够有效地识别出当前存在高危风险的客户，帮助业务员有针对性地对客户进行回访和风险排查，大幅提升针对性客户回访和风险排查工作效率，从而降低决策风险，提高审批效率。对解决小微企业和农村客户贷款难、贷款贵等问题，提供了基于金融科技的创新尝试。

五、潦水尽而寒潭清，烟光凝而暮山紫

在被问及国内大数据风控市场的现状时，对中国传统诗词歌赋十分喜爱的顾凌云毫不犹豫地抛出了出自唐朝诗人王勃《滕王阁序》中的一句诗——“潦水尽而寒潭清，烟光凝而暮山紫”。

确实，经历了2019年的暴风骤雨后，行业里的一些乱象已经慢慢被清理，金融机构对于科技的依赖和重视日益明显，特别是基于人工智能和大数据的智能风控还是有广泛且刚性的市场需求。

还有两个信号非常值得关注，一个信号是2019年10月底，中共中央十九届四中全会通过的大会决议中，首次将数据列为生产要素，与劳动、资本、土地、知识、技术、管理要素参与分配，并指出健全生产要素由市场评价贡献、按贡献决定报酬的机制。数据纳入生产要素是对促进大数据、人工智能等行业的应用和发展给予更高的预期，基于大数据的智能风控将再次迎来茁壮成长的机会。

另一个信号，则是人民银行相继颁布的两个文件。人民银行于2019年8月印发的《金融科技（FinTech）发展规划（2019—2021年)》中，也强调了要运用大数据、人工智能等技术建立金融风控模型，有效甄别高风险交易，智能感知异常交易，实现风险早识别、早预警、早处置，提升金融风险技防能力。人民银行还于2020年2月发布了《个人金融信息保护技术规范》，对包括账户信息、鉴别信息、金融交易信息、个人身份信息、财产信息、借贷信息在内的个人金融信息如何获取、加工和保存做出了规范。对于涉及相关业务的第三方机构，明确了可合作的范围和相应的管理制度。

虽然市场逐渐出清，监管日趋规范，在顾凌云看来，中国大数据智能风控行业有几个趋势是不会改变的：第一，拥有独立数据源的机构今后只有两条路，一条还是走“买卖数据”的老路，虽然有利可图但灰色且非法，最后一定会被关停；另一条则是通过合规的方式将数据曝光在阳光下，这也意味着大数据应用最后一定全部变成市场化、透明化。第二，从借贷角度来讲，所有机构最后一定会变得两极化，一方是以流量为侧重点的助贷机构；另一方则依然以银行体系内自有资金作为优势来取得竞争优势。第三，独立的第三方技术平台会变得越来越有优势，各自的定位将变得越来越清晰。

因此，顾凌云相信，正像高尔基文章中的海燕一样，监管风暴来得越猛烈，冰鉴科技就会飞得越高。

南京银行“鑫云+”：

构建生态银行和赋能银行

从2万笔/日到20万笔/日，南京银行线上贷款业务的发展只花了半年时间。

业务量的增长，对南京银行产品的系统支持能力提出了新的需求，传统集中式的系统架构再也无法支撑南京银行新业务的快速增长，如不针对互联网业务特点紧急制定并实施互联网金融平台建设方案，要么放弃新增线上贷款业务、要么放弃系统稳定性！

2015年，南京银行开始探索消费金融与互联网的融合。2016年，南京银行互联网消费金融业务初见雏形，随之而来的是业务量的猛增。仅半年时间，线上放贷需求从之前的2万笔/日急速攀升至20万笔/日。当时，整个团队都傻眼了，虽然每天20万笔问题不大，但是时效性怎么保证？包括ECIF建客户、查征信、监管报送等怎么办？另外还需要跑批，一年8000万笔，贷款系统一定会产生问题，完全支撑不住！

云构想的最初，竟然是银行的IT系统架构无法支撑小额、高频的互联网金融业务，倒逼着南京银行必须上云。

2017年初，在行领导的直接领导下，总行信息技术部、消费金融中心、网络金融部、风险管理部、财务会计部、营运管理部等多个部门的业务和技术人员以及合作公司人员共计200人组成项目团队，经过近半年的技术选型，确定了分布式系统建设方案，并完成了互联网金融平台建设的可行性分析。

2017年7月6日，南京银行“鑫云+”互联网金融平台项目正式启动，经过4个半月的艰苦努力，接受了重重考验，完成了互联网金融平台成功上线。从完成时间角度看，“鑫云+”完成了一个不可能完成的任务。

项目经理席晓勇骄傲地表示，整个项目建设只花费了4个半月的时间！相较传统核心系统，“鑫云+”的处理性能提高了3~5倍，2000万贷款借据的计提时间控制在半小时以内。而在这之前，南京银行依托传统架构完成同样的处理需要消耗2~3小时。

我国城市商业银行中，北京银行、上海银行、江苏银行以超1.7万亿元的资产规模稳居前三，南京银行以1.1万亿元位居第四位，从2013年开启战略转型聚焦综合化经营，到如今踏入“万亿俱乐部”，南京银行到底是如何在头部市场中博得一席之地的呢？

一、运用金融科技探寻突围之路

金融科技为中小银行业务痛点提供了解决方案

相较国有大行和股份制银行，广大中小银行普遍存在规模小、区域限制、管理水平待提升、人才和技术储备不足等问题，较难通过一己之力实现技术平台的建设。

2015—2016 年正值互联网业务高并发时代，且对大数据分析的需求越来越高，但中小银行的 IT 支撑系统往往采用传统的集中式架构，依赖于核心主机和传统商业数据库的处理能力。这一架构体系无法很好地应对客户爆发式增长以及智能化客户分析等互联网场景，因此需要进行技术革新。

2016 年 7 月中国银监会发布的《中国银行业信息科技“十三五”发展规划监管指导意见（征集意见稿）》中指出“积极开展云计算架构规划，制定云计算标准，联合建立行业云平台，2020 年末银行业面向互联网场景的重要信息系统全部迁移至云计算架构平台，其他系统迁移比例不低于 60%。”

中国人民银行 2017 年 6 月发布的《中国金融业信息技术“十三五”发展规划》中明确提出“支持实力较强的机构独立或者联合建设金融业云服务平台，面向同业特别是中小金融机构提供云服务，提高行业资源使用效率。”

中小银行起步较晚，信息化建设相对滞后，迫切需要加大金融科技建设投入，但是受制于资金、人才、经验不足等因素，我国中小银行自主研发能力不足，需要依赖第三方公司提供业务类、渠道类、管理类等解决方案。金融科技的快速发展既是加剧这种分化的本源，也是缩小这种差距的路径。

南京银行把握住了数字时代的发展方向

南京银行于 2007 年 7 月在上交所挂牌上市，是国内首家在上交所主板上市的城商行。如今，南京银行已成长为中国第四大城商行，2018年“全球1000家大银行”位列第143位、“2018全球银行品牌500强”位列第124位（英国《银行家》杂志）、2018年中国银行业100强榜单第22位（中国银行业协会）。截至2018年底，南京银行的经营网点实现京沪杭及江苏省内地区全覆盖，设有17家分行和191家支行，目前已形成了涵盖城商行、农商行、基金公司、金融租赁、消费金融等领域，资源优势互补，协同创新发展的综合化经营格局。

数字化转型时代，中小银行要拥抱金融科技，实现数字化变革，首先需要立足区域经济，加强对国家金融科技领域的政策研究，把握未来趋势。银保监会政策表明，在未来会出现大量中小银行进行并购重组，甚至是破产退出，而南京银行正是把握住了数字时代的发展方向，走出了差异化的创新之路。

2017年，在金融科技快速发展的大趋势下，银行业掀起了一场科技引领的服务转型升级浪潮。南京银行顺势而为，与阿里云和蚂蚁金服战略合作，完成了国内第一家实现多法人分布式云平台——“鑫云+”互联网金融平台的建设。

南京银行“鑫云+”互金平台选择全国产化的设备和软件，包括国产分布式数据库，同时基于国产厂商提供的软件建设分布式基础云平台，南京银行在该平台上建设包括核心账务、聚合支付、产品管理、网贷系统、对账核算、客户管理、资产证券化、管理分析等应用，南京银行对平台具有完全的自主掌控能力。

虽然很多银行都在建云，但能自主开发私有云平台的却极少，因为代价太大。工商银行、建设银行等大行都是自主研发，自己维护，而规模小一些的银行，由于规模不够、技术人员有限、科技能力有限，需要通过引入一个成熟的技术来完成。

“鑫云+”诞生前，南京银行寻求与其他金融机构互联网平台业务合作时，需要逐一进行对接，这样无论对于金融机构还是互联网平台都存在大量重复的接入工作和专线接入成本，且广大互联网平台和银行金融机构之间的技术标准各不相同，中小银行的技术实力也参差不齐，使得这种对接模式非常低效。作为中小银行的代表，南京银行到底是怎样解决自身业务发展痛点的呢？

二、阿里云的试水与“鑫云+”的诞生

确立目标，搭建一个全新的私有云

时光倒回到2015年以前，南京银行的互联网业务并不明朗，业务部门的需求是一天能支持两万笔贷款，那时的传统核心系统内存有效借据量只有20万。

随着互联网消费金融业务的兴起，南京银行开始探索消费金融与互联网的融合。2015年，南京银行开始尝试做线上的基础工作，把消费金融产品移植到南京银行线上平台，包括网上银行、手机银行、直销银行等。同时通过开放API输出，将金融能力与外部的各类互联网线上渠道互相连接。

2016年底，南京银行上云计划开始做选型，最初的诉求是解决业务问题，而解决这个问题的关键是技术。经过多次研究与讨论，科技部门决定只有先把这个云平台建起来，才能化解后续的互联网业务问题。

南京银行的业务目标是支撑未来互联网业务，这朵云不单单要能解决南京银行的问题，更要解决南京银行和其成员行的问题。为什么呢，早在2013年南京银行发起成立了紫金山·鑫合金融家俱乐部，该俱乐部以城商行和农商行等中小银行为主，俱乐部定期召开会议，并进行各种形式的交流合作，拓展包括理财产品代销、线下消费金融风控输出，以及合作行交流培训等服务。因此，这朵云的搭建明确了两个目标：一个目标是满足自身业务发展需要，解决互联网业务高并发、高流量、不确定性等问题；另一个目标是解决中小银行的痛点，因此投入也比较大。为了满足这两个目标，在选型的时候，搭建一个全新的私有云成为共识。

阿里云首次对外输出，从南京银行开始试水

从2017年3月开始，南京银行进行云平台选型。到底什么样的云对南京银行未来业务的发展更有支持力度呢？最终，南京银行选择了阿里云。

南京银行计划2017年必须完成云平台的搭建工作，但是年底前时间非常紧张，国庆节之后的“双十一”是互联网公司一年中最繁忙的日子，12月又是银行年终结算的重要时期，因此南京银行将初步目标定在了“双十一”前。那么接下来的问题就更加严峻了，互金核心系统需要新建！网贷系统需要重新做！支付需要重新做！产品需要重新做！怎么办？到底能不能搬到云平台上来？搬上来以后性能到底怎么样？

经过三个月的POC验证，同时正好赶上阿里从FinTech向TechFin转型，于是，项目组成员联合阿里和蚂蚁金服的团队开始着手专有云

环境的搭建和部署，包括服务器和网络等硬件设备及耗材的采购，开发环境规划和准备，生产环境搭建，测试等。

彼时的阿里和蚂蚁金服团队没有对应的运维人员，也没有建立相应的团队，更没有正式对外输出！从南京银行开始试水！正因为如此，阿里团队对南京银行的支持力度很大，从产品部门直接派人过来支持。

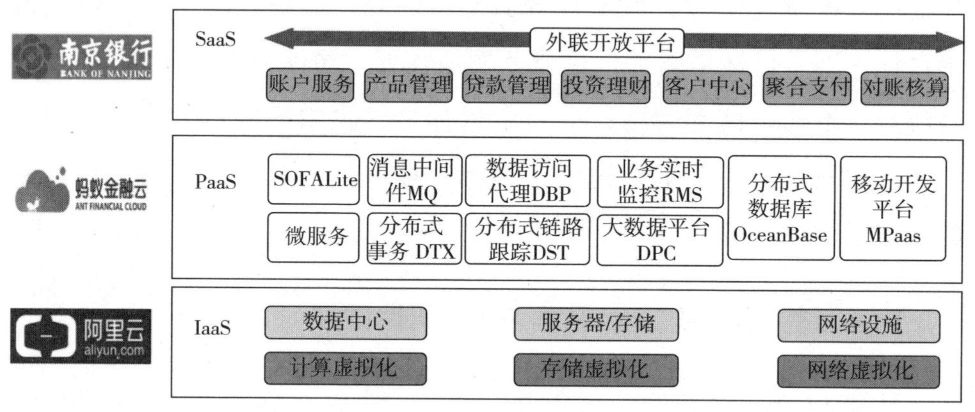

图1　系统逻辑架构图

南京银行的分布式基础平台基于阿里云的 IaaS 平台和蚂蚁金服的 PaaS 平台构建。“鑫云+”是商业银行中第一个将核心账户系统架设在云平台和 OceanBase 数据库上的商业银行，具有里程碑意义。

OceanBase 是一款由蚂蚁金服自主研发的国产分布式的关系型数据库，是阿里为应对“双十一”高并发交易量的严峻挑战所做的一次技术创新。2014 年，OceanBase 开始应用于支付宝的核心交易系统；2015 年，OceanBase 成为全球首个应用在金融核心业务系统的分布式关系数据库；2016 年，OceanBase 替换了支付宝最核心的账务系统中的 Oracle 数据库；2017 年，支付宝首次把包括账务库在内的所有核心数据链路搬到 OceanBase 上，并在“双十一”诞生了数据库处理峰值 4200 万/秒的世界纪录；2018 年 OceanBase 支撑了“双十一”当天淘宝高达 2135 亿元的交易数据。

历经四个半月的日夜颠倒，“鑫云+”上线了

开始的时候，双方都很兴奋，为了一个共同的目标，大家走到了一起。接下来，困难接踵而至，一是时间问题，7 月份进场，想在“双十一”之前上线，时间太紧张。二是人员对技术不够了解，怎么去弄？未来有没有方向？三是迭代，以前是传统模式，而这次是敏捷，模式完全跟以前的项目不一样，必须从头开始做，另外还包括一些服务的整个开发过程、培训管理、运维，都跟以前差异较大。

异常艰辛的四个半月从 2017 年 7 月 4 日进场开始，项目采用逐级管理方式，充分落实项目开发过程中的管理责任，成立了项目管理领导小组，统筹项目的开发管理，在领导小组下设置项目管理办公室，由总行信息技术部和消费金融中心、网络金融部担任具体组织管理工作；同时引入专业的咨询和监理公司开展组织级项目管理工作（PMO），协调需求分析、技术改造、应用开发、功能测试、性能测试、UAT 测试、演练和投产等主要工作。

为了推动项目尽快落地，很多工作人员经常通宵加班。特别是在性能测试阶段，白天开发人员做开发和 bug 修改等，晚上测试人员做压测，通过 24 小时的不间断推进保证次日的调优效率。此后，仅用不足两个月的时间，项目组即针对业务需求完成了所有子系统的客户化开发的编码工作。

2017 年 11 月 18 日是个值得欢庆的日子，历经四个半月的“鑫云+”终于上线了。最早上线的是两种不同类型的产品，分别是万达

平台导流的业务化产品和百度的文件形式产品，自此标志着南京银行的分布式云平台建设完成了。

11 月 18 日当天，“鑫云 +”完成云平台和所有关联应用的正式对外运行，并于 12 月前将百度和万达的实时贷款业务切换至新平台，通过了白名单验证。

在消费金融业务的两个流量最大的平台迁移过程中，南京银行形成了在整个分布式云平台下应用开发的规范和敏捷开发的过程管理。

表 1　　项目实施重大事件表

时间	进程
2017 年 1 月	开始项目可行性研究
2017 年 5 月	完成云平台技术选型
2017 年 6 月	完成 SaaS 层应用选型和规划
2017 年 7 月 6 日	项目启动会召开，项目正式启动
2017 年 7 月	完成云平台技术改造培训和业务需求分析
2017 年 8 月	完成应用系统基于云平台技术改造
2017 年 9 月	完成专有云环境交付
2017 年 9 月	完成系统集成测试（SIT）和用户验证测试（UAT）
2017 年 10 月	完成第一轮和第二轮系统演练
2017 年 11 月	完成系统第三轮演练
2017 年 11 月 18 日	系统成功投产
2017 年 12 月	系统试运行

在同等处理能力之下，分布式基础平台构建大大降低了软硬件投入成本，是典型的轻资产模式。在硬件方面，由于通过 X86 服务器代替了 IBM 高端服务器，硬件投入成本仅为之前的 15%；软件方面由于使用国产化或者开源技术，大大降低了软件产品和维护的成本，这使得单账户管理成本为传统 IOE 架构的 1/5 至 1/10。

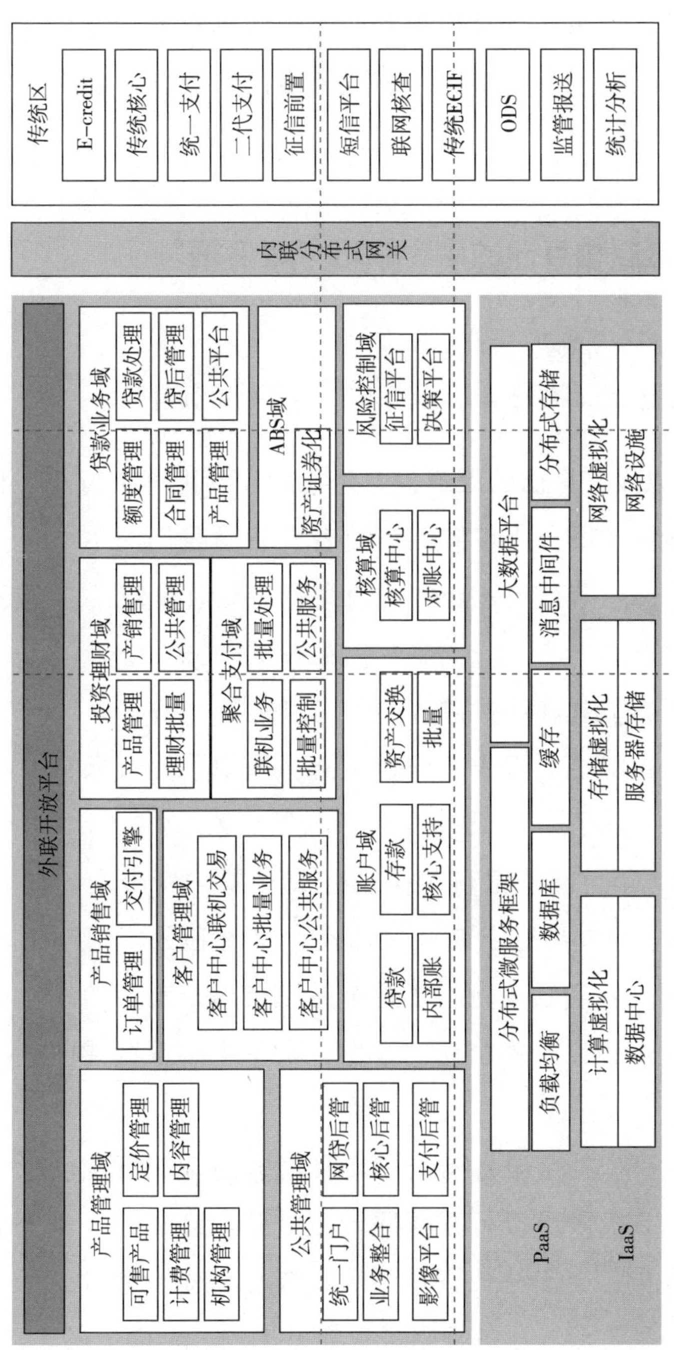

图2 使用全国产化技术，搭建国内首个分布式多法人金融云平台

平台架构以分布式计算框架和分布式数据存储为基础，分布式架构具有设备多、应用多、服务多、配置多的特点，这使得运维管理充满挑战。

三、打造互融互通的中小银行“联合国”

持续不断迭代，要做中小银行与行业平台的连接者

“我们可以没有自己的渠道，但是我们需要为整个行业平台去提供这样的金融服务支撑，让我们的消费者或者是我们的中小企业在他们日常生活和生产经营当中就能享受到我们的金融服务。”“鑫云+”项目经理这样表态。

在持续不断完善和迭代过程中，南京银行“鑫云+”这支团队的战略目标是构建中小银行线上金融生态，做中小银行和行业平台间的连接者。

早在2013年，南京银行牵头发起成立了“紫金山·鑫合金融家俱乐部”，俱乐部成员行定期开展活动，交流和分享中小银行经营与转型经验，同时在贸易金融、零售金融、公司金融、信息科技、风险管理等各个业务领域开展密切的合作，实现中小银行共同进步、共同发展。

面对发生巨变的金融形势与市场环境，南京银行主动求变，全面拥抱互联网，寻找中小银行互联网转型之路。紫金山·鑫合金融家俱乐部的部分成员，由于科技人员很少，核心系统不在自己手上，又受当地监管的一些要求等，各种阻碍，业务上的、合同上的、法务上的、

监管上的、技术上的仅仅是冰山一角，南京银行因此要额外承担很多工作，多做很多技术连接等，但正因为如此，通过与不同银行合作，南京银行探索出一套标准化的服务体系。

“鑫云+”是互联网金融平台对外品牌，“鑫”代表着“紫金山·鑫合金融家俱乐部”，齐鑫向前、合力共赢，“云”代表“互联网”，拥抱未来、云融协同，“+”代表连接，连接一切，无限可能。“鑫云+”融南京银行“鑫”文化与互联网世界“云”精神为一体，寄托了南京银行云融开放、智启未来，与广大中小银行合作伙伴共栖“云”上、齐鑫向前的美好愿景。

区别于传统的银银平台，“鑫云+”平台参与行之间更多的是业务合作而非业务侵占。参与行在“鑫云+”平台上业务合作时获取的客户、开立的账户、开展的业务等均属于参与行；“鑫云+”是多法人版本技术平台，由南京银行提供技术支持；成员行之间通过资金共投、共享收益、共担风险。

在组织方式上，主要由中小银行共同参与，打造互融互通、相互扶持的中小银行“联合国”；在合作模式上，参与行进行资产整合、信息汇聚、利益共享的服务共建；在落地实体上，通过互金平台构建，提供实体产业深度融合“金融+信息科技”的互联网技术支撑。

“鑫云+”平台的设计初衷就涵盖了为中小银行的互联网业务发展提供支撑，通过技术支持、资源共享、资金共投、收益共享、风险共担等方式，降低中小银行发展互联网业务的门槛，所以在平台后续发展中，内部成员行平台对接、外部第三方资源对接将是平台主要业务拓展方向。

以往合作时银行需要分别与各个互联网平台进行对接，且平台间和成员行间的技术标准各不相同，存在大量技术对接工作，成本高，效率低。如今中小银行只需对接“鑫云+”一家平台即可实现多家互联网平台的对接，大大减少了重复建设，降低了接入成本，提高对接效率。

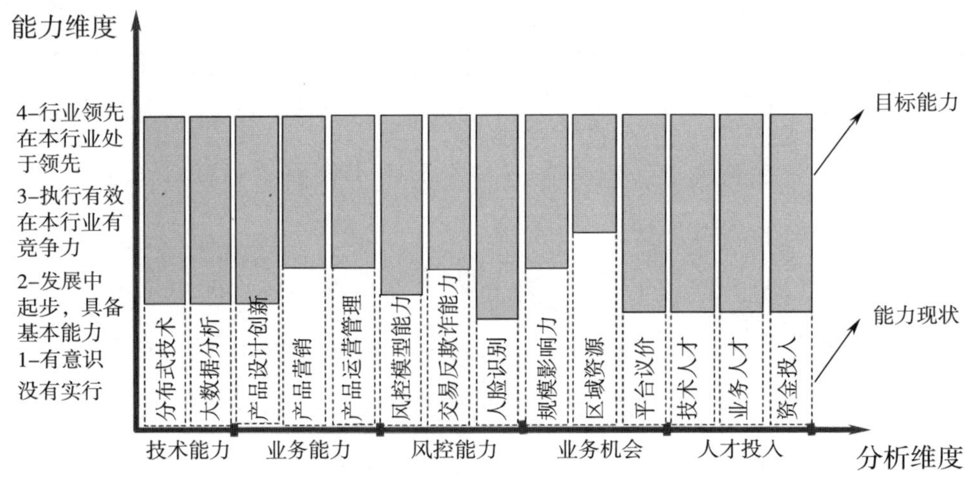

图3 “鑫云+”助力中小银行互联网业务，补齐能力短板

大部分中小银行自身的技术开发能力较弱，为了降低参与行接入成本，提高效率，参与行与“鑫云+”互金平台的技术连接应尽可能少。复杂的技术对接问题交由“鑫云+”平台实现，参与行更多地考虑业务合作和产品服务创新。

开创“1+2+3N”的互联网合作新模式

“1”代表南京银行；“2”代表阿里云和蚂蚁金融云；“3N”分别代表的是医、食、住、教、产、销等N个场景，旅游、电商、快递等N个行业平台，以及N家中小银行。

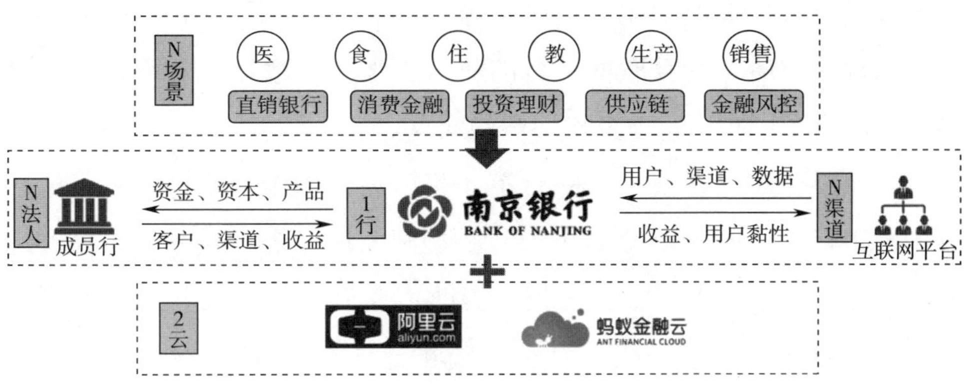

图4　“1+2+3N”的业务合作模式

传统银行建设直销银行获取互联网客户，由于缺少场景和产品以及互联网运营能力，获客效率低，业务增长慢，而通过和互联网平台合作进行客户导流，可实现批量获客和业务的快速增长。

“鑫云+”平台为多法人架构，与参与行系统技术连接少，同时该平台为开放共享的平台，每个成员行都可以将一些产品和场景在该平台上与参与行进行共享。南京银行为参与行提供四种类型服务：（1）全托管模式，为参与行提供全套托管模式的解决方案，如直销银行等；（2）业务导流，将互联网流量导流给参与行，平台提供技术支撑，参与行无需和互联网平台逐个对接；（3）能力共享，南京银行将自己在线上的业务能力分享给参与行，如理财资管能力，线上风控能力等；（4）产品合作创设，包括联合贷款、供应链、理财代销等。南京银行为参与行提供服务，收取少许服务费。由于包括南京银行在内的平台合作行均为区域性中小银行，在地域上具有天然壁垒的限制，合作行无需担心对方行对自己线下业务的侵占，具有一定的竞争壁垒。

接入“鑫云+”意味着一次性接入多家互联网平台，意味着能快速开展消费贷、理财代销、供应链等多种业务，同时参与行联合起来提升了规模效应，对互联网平台的吸引力加强，增加了对平台的议价能力，解决了中小银行业务机会少的痛点。

日照银行是“鑫云+”平台第一家试点合作银行，作为一家地方性中小银行，日照银行此前从未开展过互联网业务，技术、风控、运营、产品等各个方面都存在短板。借助“鑫云+”平台，通过4周的对接，日照银行实现了线上万达快钱联合贷款的发放，仅上线几天，就实现了7000万元的贷款投放。

截至2019年6月，紫金山·鑫合金融家俱乐部正式成员为131家，成员覆盖全国26个省、自治区、直辖市，成员总资产规模超过20万亿元。紫金山·鑫合金融家俱乐部发起成立的“科技基金”已向20家参与行输出58套系统。“鑫云+”互联网金融平台与22家金融机构签订战略合作协议，其中16家为鑫合成员行，10家完成平台与公司系统的技术对接。截至6月末，平台累计获客1400余万户，贷款业务累计投放1700多亿元，总余额超过500亿元，日均贷款交易达到200万笔。

四、向开放银行战略方向发展

场景化金融的渗透

早在2013—2014年，南京银行提出了一个综合化经营的方向，那两年一直在做跨区域运作，省内17家分行实现了全覆盖，省外是上海、北京和杭州三家分行以及对两家村镇银行的控股和对几家村镇银行的参股，规模增长比较快。

之后几年，碍于区域性银行的监管方向，南京银行开始向精细化管理发展，重点在结构调整，不再拼命追求资产规模的增长，而开放银行就是精细化发展的突破口。

在同业业务受到强监管、压降规模后，消费贷成为城商行的关键利润来源之一。由于缺乏场景金融生态圈构建，城商行纷纷与场景平台合作。

互联网平台拥有较多的应用场景，有更精准及更优质的客户来源，获客成本较低。银行的金融服务能力包括存款、支付、融资、投资等与客户的日常生活场景如医、食、住、行以及企业的生产经营场景如生产、销售、营销结合起来将更能吸引客户，提高用户体验，从而更能发挥金融的价值。

场景化金融是建立在互联网生态体系下的一种新金融模式，它打碎了原本复杂、整体的金融服务，具有便捷、透明、高人群覆盖能力的生态特点，可实现信息流的场景化与动态化，完成现金流的可视化与可控化。金融服务的场景化将使得银行的服务变得触手可及、无所不能。

南京银行致力于做中小银行和行业平台的连接者，打通中小银行和行业平台两个生态圈。在行业平台方面，“鑫云+”平台已经完成了与百度、万达、小米、360、支付宝、腾讯等近20家互联网平台的对接和合作，在消费金融、小微贷款、聚合支付、账户服务、理财、供应链等多个领域开展密切合作。在中小银行方面，“鑫云+”平台为多法人架构，与参与行系统技术连接少，同时该平台为开放共享的平台，每个成员行都可以将一些产品和场景在该平台上与参与行进行共享。

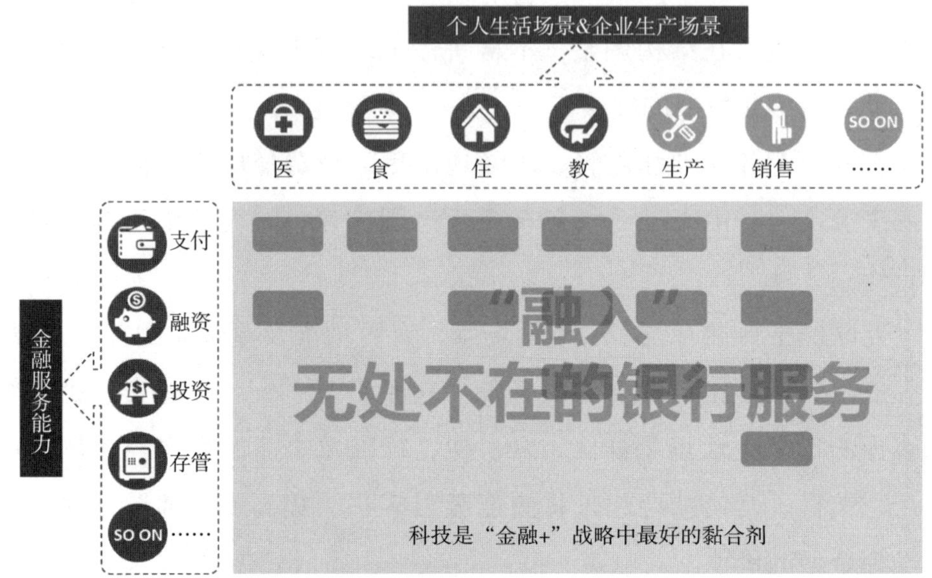

图 5　场景化金融渗透

此外，“鑫云 +”团队还完成了部分消费金融业务资产证券化，实现了一些出表。支付方面也接上了包括银联在内的第三方支付公司、微信、支付宝、网联等，可以支撑代收代付、收银台、微信扫码支付等，产品与场景端迅速丰富完善起来。

从 2018 年下半年开始，“鑫云 +”团队开始尝试做联合贷款，主要就是引流的方式，由合作方出资，南京银行提供风控平台、技术支持、人员支持等，系统由合作方自己去维护管理。截至 2018 年底，联合贷款模式共落地 8 家，业务导流放款投放超过 60 亿元，余额超过 20 亿元。

目前，“鑫云 +”团队正在进行渠道建设，就是通过微信或支付宝等小程序渠道链接自己的开放平台，能购买相应的产品。通过 API、

SDK 等形式打造金融开放平台。

截至 2019 年 8 月底，“鑫云+”对接的平台超过 55 个，贷款投放超过 2000 亿元，贷款余额是 570 亿元。

与阿里、蚂蚁金服的合作生态

2017 年，借助“鑫云+”平台的建设，南京银行与阿里、蚂蚁金服签订了一个三方的战略合作协议。

起因是阿里集团的华东总部要建在南京，目前已经开工，预计 2022 年建成。阿里计划依托江苏省制造业的巨大优势，在南京建一个园区，待员工入驻后，不仅在传统的结算户开设等领域将与南京银行合作，而且在金融科技方面也将有更多合作空间。

目前，与支付宝的合作有三大块，一是借呗花呗的平台导流；二是在支付宝里开设小程序卖产品；三是采用阿里的人脸识别、机器人、AI 等技术。项目经理席晓勇表示，基于目前三方的战略合作，正在研究将 IT 系统迁移到全国转化的平台上，包括芯片、服务器、数据库、操作系统、上层应用软件等一系列全部都要国产化。这是一个大胆的设想，不确定因素太多，至今没人敢率先尝试，而南京银行想当这个第一个吃螃蟹的人。

将个人消费金融业务作为着力点

2006 年与法国巴黎银行战略合作开拓消费金融业务领域，经过十几年的发展，南京银行消费金融线下业务规模大幅增长，从 2017 年开始，基于“鑫云+”平台，南京银行消费金融业务主动向线上转型，对接了各类互联网平台。

2018年，南京银行消费类贷款新增273.56亿元，消费类贷款占零售贷款新增68.35%，较上年同期提高34个百分点。很显然，南京银行已经将个人消费金融业务作为着力点。

与第三方合作延伸银行资金渠道、下沉经营，在城商行中并不少见。但是，南京银行似乎更进一步，不仅局限在商业应用层，而且在技术层面展开合作。

2017年12月，南京银行聘任的副行长米乐，曾经担任捷信消费金融公司（天津）副董事长、杭银消费金融公司（杭州）副董事长、中国欧盟商会银行与证券工作组下设的消费金融子工作组主席等职务。可见其布局消费金融的野心。2018年，南京银行进一步铺设消费金融。

2018年初，南京银行入驻京东金融（现京东数科），成为全国第六家开立京东金融“银行+”旗舰店的城商行，在支付、信贷、财富管理等多个领域开展全面业务合作。

2018年10月，南京银行与度小满金融签署战略合作协议，联合推动金融科技创新，计划在支付结算、普惠金融、零售金融、公司金融、存管托管、同业金融、金融科技、跨境服务以及联合营销九大领域展开全面合作，南京银行同时表示，将为度小满金融提供三年100亿元授信额度。此外，双方还表示将合作成果推向南京银行“紫金山·鑫合金融家俱乐部”的100多家商业银行成员单位。

2018年11月，南京银行又与乐信签署战略合作协议，在分期购物、金融科技、电子账户以及消费金融创新产品等多个方面深度合作。而此前一年，南京银行已为100万分期乐用户提供了近20亿元信用消费所需的资金。

计划将“鑫云+”打造成一个开放银行的技术平台

实际上，早在2017年南京银行搭建的平台，就是开放平台，只是那个时候还没有开放银行的概念。

从2019年开始，南京银行想把“鑫云+”打造成一个开放银行的技术平台，这就牵涉到了技术模式和行里的战略问题。因此开放银行的整体业务目标初步确定了两个：一是生态，做连接场景端的生态银行，将金融服务能力嵌入衣食住行这些生活场景，包括企业的生产经营等生产场景中去；二是为中小银行赋能，南京银行具有先天的地域优势，可以为当地的中小银行提供服务，因此南京银行设立了“紫金山·鑫合金融家俱乐部”这样一个业务合作组织。

很多人以为开放银行就是API bank，这是误区。开放银行不是技术的概念，它是一个业务创新，是银行战略方向的问题，从组织上到业务上再到技术上，必须全面开放才行。

在“鑫云+”项目经理席晓勇看来，开放银行有三种模式。第一种模式是纯自建，包括技术、产品、组织关系等，这种模式一般只有大行和股份制银行才能搞得起来，可以自建金融科技公司，专门做开放的事情；第二种模式是入股，例如可以依托蚂蚁金服这样的金融科技公司，去实现开放；第三种模式是联盟，就是参与类似目前南京银行的紫金山·鑫合金融家俱乐部这样的模式，以没有实力构建自己开放平台的中小银行为主，通过别人的平台连接自己的API。

目前，南京银行也在探索组织体系转型，向开放银行战略方向发展，包括互金平台技术上的开放战略。但是国内尚未在接口规范方面具有行业级的规范，因此各家银行都在试点。据透露，现在监管机构已经在各个银行调研，未来我国的监管能不能走到西方那种数据开放，尚无定论。

那么问题来了，为谁开放？开放什么？怎么开放？虽然南京银行自己有一些答案，但是这条路才刚刚开始，未来该怎么走，项目经理席晓勇陷入了深深的沉思……

国泰君安君弘灵犀：

身有智能双飞翼

2017 年，A 股市场熊气弥漫，作为券商主营的经纪业务受股市低迷影响，新增投资者数量再度下滑。而此时也是券商面临风雨变幻之际，随着移动互联网的发展，投资者不断从线下向线上迁徙；而大数据、人工智能在券商行业得以应用，使得以智能化为核心驱动力的浪潮与金融服务理念、服务形式开始融合。对券商来说，谁能找到合适的场景，将科技和金融更紧密结合，谁就能够更快地抢占先机，在市场竞争中占据有利位置。因此，大部分券商都把眼光投向自家的 APP，确立了以手机 APP 推动线下业务线上化、移动化的互联网金融发展战略。

此时，业内龙头券商国泰君安却并不慌张，从 2016 年布局“科技 + 服务”双核驱动零售战略开始，其目标就是利用金融科技创新，不断在移动终端的智能化和服务性上发力。

但随着智能化服务的进一步推进，国泰君安发现，由于中国股市

"牛短熊长"，如果自家的君弘APP只围绕经纪业务打转，那么投资者停留时间将越来越少。只有围绕客户形成全价值链服务，才能尽可能地提高用户的体验、停留时间、交易时长，而这就需要打造一个完整且具有吸引力的智能化服务体系。

在一次头脑风暴会上，负责智能化功能的产品经理周万涛提议，"智能化服务或许可以在线上设置一个AI客服，以个人投顾的形象来回答客户的问题。"

君弘APP的产品经理们一致认为，可以专门设计一个形象，与使用者进行各种互动。国泰君安场景伴随式的智能化线上服务形象——君弘灵犀就这样诞生了。古人曾云，"身无彩凤双飞翼，心有灵犀一点通"，而对君弘灵犀来说，插上了智能化的翅膀，将被赋予新的生命色彩，在变得更加具体的同时，飞得也会更远……

一、过去：守正创新，剑指零售业务转型风口

君弘灵犀诞生于证券业价格战正酣之际。彼时，高喊着"万二开户不是梦"的券商不在少数。然而，证券市场交易的逻辑和电商并不一样，投资者来找券商是带着保值增值的需求，这并不能等同于超市购物只选便宜的。作为行业的领头羊，国泰君安一直在探索如何跳出"价格战"怪圈。

路在何方：科技+服务，破局经纪业务发展困局

一直以来，国内券商都存在"靠天吃饭"的窘境，业务结构以自营、经纪业务为主，受宏观、行业政策、市场行情等因素影响较大。

截至2018年底，我国共有131家证券公司，总资产6.26万亿元，总收入2663亿元，净利润666亿元。但证券业在我国金融体系中，总资产、净利润占比仅为2.04%和5.14%。中国证券业协会党委书记、执行副会长安青松就曾在公开会议上表示，我国证券公司各项业务通道化、同质化严重，金融中介功能尚未充分发挥，而推动证券业财富管理高质量发展，既是金融供给侧结构性改革的重要方面，也是深化资本市场基础制度改革题中应有之义。

面对广阔的财富管理市场以及自身经纪业务下滑的局面，券商转型财富管理逐步成为经纪业务发展新方向。财富管理的理念起源于20世纪30年代的美国，如今欧美的财富管理机构已经可以通过多元化的产品和服务，满足不同层次客户的理财需求，在促进其国内金融资源有效分配、优化收入结构、增加养老保障水平等诸多方面发挥着重要的作用。

在中国，券商发展财富管理业务具有广阔的发展空间。随着国内经济的快速增长，居民手中积累了大量财富，对财富管理有着一定的需求。而在这方面，头部券商国泰君安证券率先迎来财富管理业务突破。

国泰君安证券的前身为国泰证券（1992年9月10日成立）和君安证券（1992年8月25日成立），两家公司在1999年8月18日合并新设为国泰君安证券股份有限公司。自成立之日起，国泰君安证券扎根于国内资本市场，目前已成为国内规模最大、经营范围最广、机构分布最广、服务客户最多的证券公司之一。旗下设国泰君安金融控股（注册地香港）、国泰君安资管、国泰君安期货、国泰君安创投、国泰君安证裕和国翔置业等子公司，截至2018年底，在全国设有33家分公司、420 个证券营业部及 26 个期货营业部。从 2007 年到 2018 年的十二年里，国泰君安证券的营业收入有十年名列行业前三，在致力于实现高质量增长、规模领先的同时，其非常注重盈利能力和风险管理。自 2008 年以来，国泰君安证券连续十一年获得中国证监会授予的 A 类 AA 级监管评级，该评级是迄今为止中国证券公司获得的最高评级。

随着互联网浪潮加速席卷券商零售经纪业务，一方面佣金费率不断走低，正无限接近成本线；另一方面随着客户交易手段的变化，需求也发生了根本性变化。中国投资者日渐成熟，对产品和服务差异化的需求也与日俱增，这些核心需求也潜移默化地倒逼零售业务转型。

在行业降佣金趋势下，经纪业务的主要意义转变为导流。对于投资者而言，核心诉求是能够完成资产持续保值增值的服务需求，随着市场成熟度的提高及产品不断丰富，如何保持不断涌现的高净值客户在漫长的金融市场里享受到长期的、持续的、高质量的服务和持续收益，是财富管理转型的核心。

2010 年左右，国泰君安证券在证券行业内率先进行了财富管理方面的诸多实践和探索，其在《2010—2012 年战略规划纲要》中明确指出了经纪业务向财富管理业务转型的思路。2009 年，国泰君安证券即成立了“君弘财富俱乐部”，在业内首度为高净值客户提供投资顾问服务模式。2011 年，更是首次将财富管理业务定位为经纪业务转型方向，在年度工作会议报告《把握先机，深化转型，推动经纪业务向全面理财服务方向发展》（2011）中把“高净值客户增速显著，推动‘投资顾问’业务发展”作为重点工作之一，明确了“在客户分类分级的基础上，以产品为切入点，以投资顾问为服务核心，全力推进君弘财富俱乐部，探索财富滚利业务，建立中国零售高端品牌，这是‘深度’的精耕”。

作为券商财富管理转型的先行者，国泰君安在2014年推出了国内首家财富管理旗舰店，并在线上推出移动客户端，满足客户一站式理财需求。此后，又打造了君弘·精益零售客户综合服务体系，全面构建自身的数字化服务能力。财富管理部总经理李可柯是该项目的具体负责人，她表示，君弘·精益是以服务产品化、平台智能化、渠道闭环化、价值显性化为四轮驱动，分别在数字化客户洞察、数字化产品生产、数字化触达能力、数字化评价反馈四个领域重点展开创新升级。

此时，为客户提供高附加值的产品服务已成为国泰君安加码发力的新方向。在此过程中，投顾体系、会员服务体系、产品体系、资产配置服务等财富管理转型过程中的核心机制与长期问题，需要在不断摸索中进行变革和落地。

当证券零售业务的转型提升到战略高度时，这家老牌券商于2016年制定了战略规划，明确提出要以“科技+服务”双核驱动零售战略，为千万量级零售端用户提供千人千面的精益服务。而APP作为财富管理转型数字化与线上化的重要载体，更是上述核心机制的重要载体，因此其作为零售业务科技+金融战略的载体，被写入了公司战略规划。

而从国泰君安2018年年报对个人金融业务的定义——通过线上和线下相结合的方式为个人客户等提供证券及期货经纪、融资融券、财富管理、财富规划等服务，不难看出财富管理已然成为其战略转型的重心之一。

君弘灵犀：智能化、场景化服务海量客户

随着资本市场环境大变，不论是迫于经纪业务下滑的压力还是理

财领域的变革显示出广阔空间，抑或是金融科技大潮带来的创新，越来越多的券商意识到，数字化、智能化无疑是整个证券业向财富管理转型的大趋势和大潮流，须尽早、尽快地去拥抱这种改变。临渴掘井不如未雨绸缪，其实早在2016年，国泰君安在制定“成为本土全面领先、具有国际竞争力的综合金融服务商”的战略目标后，就已基于数字战略转型规划了零售客户多层次综合服务体系，开启自身探索数字化转型创新之路。

移动互联时代，国泰君安讲究的是O2O策略。过往头部券商的能力都体现在线下的“O”，但线上模式不可能通过人工去服务。比如销售理财产品，大券商的APP注册用户大都是千万级别，要在这种数量级下去推荐投资者感兴趣且风险适配的产品，单纯凭人力没有办法实现，而这样的技术支撑也需要庞大的IT队伍。

对比互联网企业和同为金融业的银行，券商在IT领域的投入可以用相形见绌来形容。腾讯、阿里、京东的IT人员规模都是万人级别，每年的研发投入也是动辄上百亿元。其中阿里的研发人员占比已超过50%，京东2018年的技术研发投入在原有的基础上进一步大增82.6%。即使是同花顺这类公司，在互联网方面的投入也大过任何一家券商，仅仅是APP的IT人员就有600多个。反观国内券商，即使是头部券商，无论是研发投入还是研发人员规模的体量都相对较小，IT人员占比只有5%~6%，分到APP的运营上也就30~40人，而国泰君安在业内则属于领先水平。

券商的零售业务部门大致可以划分为三种：一是横切——以客户资产规模区分。二是纵切——用户到客户由网络金融部（以下简称“网金”）负责，客户的转换和活跃由线下负责，高净值客户由财富部门负责。三是公司制和总部—业务部门制，业务部门制还分三种：网金是一级部门、网金属于大经纪业务、网金属于大财富部门。国泰君安的网金是一级部门且属于业务支持部门，主要负责线上业务。与一些券商不同的是，其客服运营也在网金部门，整个部门人数达到150余人，堪比一家创业互联网公司。他们也自诩自己是“最像互联网公司的国有金融机构部门”，从营销推广引流到运营客服再到平台支持“一条龙全包”（国泰君安的线上平台主要包括“三端一微”平台，即“君弘APP”“富易交易端”“君弘金融商城”和“微信微理财服务号”）。

“我们的平台建设策略是，搭建完整的服务客户的线上平台体系，并且相互之间有侧重和专长。”网络金融部总经理毕志刚这样介绍。

而其中，君弘APP是核心。君弘是国泰君安的零售业务品牌，君弘APP则是承载线上业务的载体，在国泰君安将“科技+服务”确定为零售战略之初（即2016年），APP用户数大约为500万户。而毕志刚的任务是三年内让用户数增长到3000万户。这对拥有近20年的金融及证券IT从业经验、深谙互联网金融之道的他来说，既简单也复杂，需要找到适合国泰君安的法子才能完成。

在这方面，国泰君安的思路是，在流量红利时代过后，建立一个系统化的服务体系才是正道，而且应该通过移动互联、人工智能、大数据等这些金融科技手段赋能传统经纪业务。

为什么要搭建服务体系？毕志刚简单地对证券行业及国泰君安的客户规模进行了分析。我国投资者约有1.6亿人，而证券行业的投顾人数却非常有限，平均每个投顾要服务的客户多达3000人以上，因此，大量投资者无法获得有效的服务，这是行业的服务之痛。

从解决这个问题出发，这一年，君弘 APP 拥有了自己的“三年三步走”策略：2016 年做社交化投资平台，2017 年做智能化 APP，2018 年做投资理财领域的超级 APP。

清晰计划的背后是基于用户需求下的科技赋能。2016 年，君弘 APP 建立社交化投资社区“牛人牛股”，赠送客户模拟金，让他们在非交易时段也能进行模拟交易，满足千万客户的交流需求，运用社区的模拟炒股和社交功能几乎重建了当年的散户大厅，用户们在这里切磋股市技巧，分享股市见闻，和素未谋面的用户一起探讨学习投资理念。

财富管理转型的核心则在于服务，没有服务的证券经纪交易，投资者不看佣金又看什么呢？技术的发展让一切皆有可能，2017 年的智能化 APP 发展目标则瞄准了这个痛点。“20 万个投顾才能覆盖，但全行业只有 5 万多个”，只有通过搭建系统化的服务体系，依托线上平台把智能化、场景化的服务普及到用户层面，借助金融科技平台线上边际成本为零的优势才能真正实现服务覆盖，而灵犀则是这种智能化、场景化服务的外在表现。

“我们是 Fin，技术部门是 Tech。在智能化服务平台这个项目确定后，我们是和他们一起配合来开发的。”毕志刚表示。说干就干，两个部门进行了任务分解：网金部的产品经理要先收集需求，之后再进行需求分析，在此基础之上进行原型设计，画出高保真的原型图，雏形总是诞生在他们手上。然后送到技术部门的项目经理手上，他们分解成不同的开发任务再发给不同的开发经理，开发经理则负责编码，测试完成后交给产品经理们确认。技术部门的运维经理会将验收成功的产品上线，而网金部的推广和运营经理则是为产品上线后服务。

与此同时，网金部花了大量功夫去打造“灵犀”的客户体验。他们先是做了 3A3R 数字化运营指标体系，即基于 3A3R（感知 Awareness、获客 Acquisition、活跃 Activation、留存 Retain、收入 Revenue、传播 Refer）用户生命周期理论，通过推动“游客→注册户→理财户→资金户→有效户→活跃户”的用户转化链条，构建了包含营销、运营、服务、平台建设的完整业务闭环。这是因为在转向平台的业务运营之前，首先需要看到用户的行为数据，了解他们做了什么，他们关注的是否做了承接和转化，能否把合适的资讯、喜欢的交易方式推送到他们面前，在他们需要咨询的时候先提供机器人服务，机器人回答不了的再由人工客服去跟进，通过线上把服务传递过去，让客户愿意使用 APP，增加用户黏性和满意度。数字化运营体系的建设使得他们足以实现标签化的运作，即 APP 的用户行为足迹都可被记录，并被用来分析用户偏好。

接下来，网金部才正式启动了 APP 场景化的项目。“如果仅仅把 APP 当作交易工具，那么经常会感受到：有行情的时候，很多人在用，没有行情的时候，使用人数锐减；上午和下午的交易时段，会出现使用高峰期，而中午下午收盘之后，则是低谷期；交易日使用人较多，而周末几乎没人使用等。我们不希望这样，那么就需要拓展场景。如果仅仅作为交易通道，在大家都希望有上千万规模用户的时候，1.6 亿投资者就显得‘不够分’。如果增加场景，拓展目标客户到理财客群，那么人数就增加到 7 亿。每多一个场景，就能固化一些用户在这里。”毕志刚表示。而灵犀存在于每一个场景，客户能通过唤醒灵犀而获取交互式的服务。“我们建设灵犀的主旨和方向是想为投资者提供一个增强信任的环境，他们信任我们提供的服务，投资才能达到双赢。”他这样说道。

现在，只要打开君弘 APP 摇一摇手机，一只可爱的小神兽就会出来向我们问好，我们可以向它提问。而当初给这只“小可爱”取名字也颇花费了一番周折，零售条线迟迟定不下名字。看到这只活泼可爱的小神兽，一位公司条线领导不由脱口而出，“既然它的任务是和客户‘一点就通’，那就叫它‘灵犀’——心有灵犀一点通”。网金部查阅资料发现，“灵犀”一名起源于中国古代一种名为“通天犀”的犀牛，犀角中有白色象线，被看作是一种灵异之物，而国泰君安的“灵犀”自打造之初，重心就放在与客户的沟通上，与此含意不谋而合，因此就确定下来了（见图 1）。“我们除了设计灵犀的形象，还同时制作了伴手礼以及表情包去配合推广。”毕志刚介绍道。

图 1　君弘灵犀设计图

（资料来源：国泰君安证券）

经过紧锣密鼓的筹备，2017 年 11 月，在首届证券智能化峰会上，国泰君安线上智能化服务形象——君弘灵犀第一次和投资者见面。彼时的君弘灵犀已经包括智能选股、理财规划、量化掘基等在内的 30 多项智能化功能，这些功能被部署在各个场景之内，可以为客户提供智能客服、智能投资、智能理财三位一体的投资决策辅助服务。

2018 年，出于国泰君安财富管理发展的需要，网金部进一步增强君弘 APP 的综合理财功能，希望将其打造成投资理财领域的超级 APP。此时的网金部已不满足于只做证券经纪业务的 APP，“要拓展客户，要让客户与我们始终在一起，不管是熊市还是牛市，那我们就要充分发挥多牌照优势，把业务范围从只做投资扩展到理财，做到让客户在我们的 APP 上不只可以炒股，还可以理财”，毕志刚介绍道。因此，他们采取了一系列措施，包括设置理财产品梯度池，为客户提供不同梯度的理财产品以及丰富平台的支付能力等。

在加载理财场景时，网金部首先考虑的是优化理财体验，甚至要比微信支付、余额宝做得更简化、更便捷，才能吸引客户。同时考虑到要与商业银行竞争，国泰君安应该发挥券商最大的优势——产品研发及投研能力，根据客户所处生命周期和风险偏好提供梯度化的理财产品，从固收类产品、权益型基金到资管、私募产品应有尽有。据周万涛介绍，相比其他理财平台，国泰君安还可以根据活动定制理财产品，比如 5 月 20 日发行收益率为 5.2% 的产品，世界杯期间还为每个可能夺冠的球队定制挂钩国家的指数产品，这能极大吸引投资者的兴趣，这些产品一般都需要抢购，在开售后一个小时内就能售罄。

“在一个有梯度的产品池里，我们才可以满足客户的各种需要，中国证券市场牛短熊长，行情好时炒股，行情不好则可以买理财。”毕志刚表示。三年的努力，终让国泰君安的数字化财富管理在业内崭露头角。

二、现在：AI in All，开启智能金融花样年华

中国资本市场短短二十多年的发展史，见证了科技带给券商用户

体验的不断进步——从最早投资人为了买卖股票到营业部排队、抢电脑，到之后的PC端炒股、手机炒股。近几年，伴随着移动互联网的快速发展，金融科技的赋能让券商APP走进"花样年华"。除了传统的交易功能，更是增加了视频、社交等各种"花样"。2017年以来"人工智能"概念的兴起，也让券商APP刮起了"人工智能风"。面对这阵大风，国泰君安则一如既往地冷静而稳健，不仅选择了AI in All的战略，而且与自己擅长的O2O打法相结合，即依托金融科技，搭建系统化零售客户服务体系，构建"O2O+财富管理"的零售业务新模式。

君弘灵犀是"智能服务"而不是"智能投顾"

君弘灵犀的核心是通过将人工智能技术融入在线服务的各个业务环节，其主要服务是在"国泰君安君弘APP"上展开的，主打"全程伴随，场景化、智能化的线上服务"。它具有六大特色，包括大数据、机器学习、标签体系、智能匹配、量化策略、语义分析，同时首次在证券行业内提出智能客服、智能投资和智能理财三位一体的智能服务框架。

"全场景伴随"看上去很抽象，实际上，君弘灵犀是一个拥有30多个核心功能的服务体系，而通过将这些功能广布在用户旅程的各个场景中，实现对投资者的"全场景伴随"。

当投资者需要最新鲜、最准确的市场资讯：到底现在什么行业涨什么行业跌，到底是涨的多还是跌的多，到底是资金流入的多还是流出的多，君弘灵犀的概念追踪和数据解盘可以派上用场，智能抓取市场热点，多维度解读市场动向，为投资者指路热门板块和股票。

当投资者不知道如何挑选股票，君弘灵犀拥有智能选股和智能诊股，运用知名大师策略与机器学习算法，形成了十几个投资的策略，既有大师的经典之作，也有通过机器学习的方式生成的机器策略，多维度把脉个股，为投资者精心挑选合适的股票。

当投资者想了解财务可以看财务体检，想看技术分析可以看技术分析，可以在君弘灵犀了解资金主力到底在做什么，趋势未来怎么样，热门题材有没有。

当投资者没有时间盯盘，君弘灵犀有一个异动雷达的模块，一旦持仓股和自选股有异动就会第一时间通知投资者。

当投资者不知道如何科学地配置资产，君弘灵犀的理财规划可以帮投资者规划财富梦想；智能优选可以分析基金好坏，五大维度空间望闻问切；策略定投，科学地买入基金，收益以智取胜。

但君弘灵犀的功能还远远不止这些，它的智能服务贯穿于用户投资的整个过程，无论是初入市场的小白投资者还是股市老司机，无论是长尾投资者还是高净值用户，君弘灵犀都可以有效地辅助其进行投资理财。

谈起与其他“智能投顾”的区别，毕志刚认为，君弘灵犀是系统化智能化投资服务解决方案，这就打破了只是运用人工智能“单点解决”某一业务（基本都是侧重投前管理）的瓶颈，能够同时覆盖投前投中投后三个阶段。不过君弘灵犀仍是以投资决策辅助为定位，面向投资者提供投教服务。预测股市如何变化历来是最困难的事情之一，这个预测行为中包含着如此之多的因素——物理或心理因素、理性或者不理性行为因素等，所有这些因素结合在一起，使得股价波动剧烈，很难准确预测。因此单一地向用户推荐个股并不科学，比如投资顾问给客户打电话推荐某只个股，有人会问明天肯定涨的牛股，为什么你们不自己买而要推荐给我们，客户不能理解这个逻辑，反而会产生不信任感。因此，国泰君安做智能化服务的理念既符合客户思维，也与自身稳健经营的理念相契合，反而是证券行业里有不少同行陷入了投资工具化的困局。

网络金融部总经理助理、“三端一微”负责人宋心磊认为，国泰君安并没有和其他同业一样把君弘灵犀定位为“智能投顾”，目前证券行业的智能投顾以线上提供操作建议的模式为主，与海外全权委托式的“智能投顾”不同。“君弘灵犀侧重智能服务，这还不是真正意义上的‘智能投顾’，而是一种投资决策辅助服务”，宋心磊表示。在他看来，人工智能既不是投资工具也不能神化为投资决策的代替者，只是一个基于人工智能构建的服务体系。所以，我们把智能服务定位为通过线上科技手段，利用人工智能来为投资者提供辅助决策服务。也就是说，买卖最终还是投资者自己拿主意。

但与传统的证券交易系统相比，君弘灵犀已经取得了很大的突破。在证券交易初期，投资人选股需要到营业部排队抢电脑完成技术指标的比较，这就需要顶着白眼拿着小本飞快记录。随着技术的进步，之后我们可以在PC端、移动端炒股，技术指标一目了然。而随着AI进入投资领域，更是带来了质的飞跃，使用君弘APP，投资者既可以打字也可以通过语音与灵犀互动，系统会将他们的操作思路转化成因子，在几秒内拟合出相应的投资组合，这就大大提升了用户的决策能力。

互联网架构攻克智能服务三大难题

整体来看，君弘灵犀平台自下而上由数据源层、数据计算层、规则平台层、智能服务层、服务终端层及智能路由微服务组成了异构环境的完整服务框架（如图2所示）。

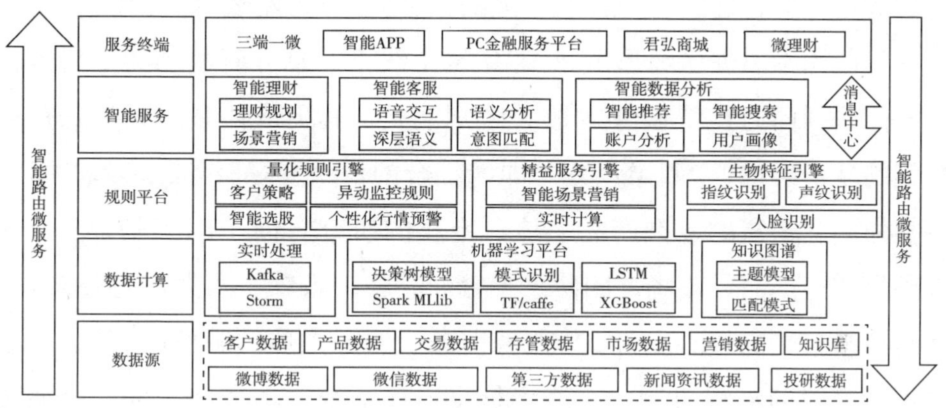

图2　君弘灵犀智能化线上服务平台架构

（资料来源：国泰君安证券）

整个架构都是为服务终端——“三端一微”而存在，而国泰君安自主打造的由“君弘APP”“富易交易端”“君弘金融商城”和“微信微理财服务号”组成的“三端一微”金融平台，已成为既能服务高净值人群也能做好普惠金融的综合金融服务体系。

君弘APP是承载零售客户服务体系的核心平台，但与其他三个终端相辅相成，业务同步上线，彼此之间协同推进。微理财最贴近现代人需求，适合为用户提供各类“轻服务”，君弘APP上的服务通知，包括新产品、新股中签、成交回报都会及时通过微信通知用户，用户还可以进行简单的交易操作。成熟投资者可能会不满足于君弘APP，这就需要用到富易交易端，这是一个集行情、资讯、交易、理财、转账、融资、生活为一体的综合理财终端，投资者可以利用其上的工具百宝箱搭建专业的量化模型、写策略脚本。而君弘APP上的理财频道就是君弘金融商城的手机端露出，实际上是国泰君安购买理财的专有渠道。

“四个平台在一定意义上是打通的，我们建设的原则是在合适的时间、合适的地点向合适的客户传递合适的服务。”毕志刚表示。

目前国泰君安已经形成了O2O线上线下、总分营联动的零售客户服务体系，而与传统服务的最大区别就是，其更成体系。无论是重点构筑的基本架构：“四梁八柱（即‘综合的集团金融服务、极致的智能科技体验、丰富的金融产品供应、专属的研究咨询’四大基础；‘客户、渠道、产品、市场、团队、平台、品牌、账户’八大核心要素）”，还是持续打造的核心组件：“服务对象、服务主体、服务内容”，又或是不断完善的流程机制：“线上标准、线下统一、智能优先、全面协同”等；相比较传统同质化的通道服务，都更加全面、立体和丰满。

而在构建君弘灵犀的过程中，国泰君安有效破解了三个关键难题①。

一是如何提供一站式精益服务体验？

君弘灵犀提供的精益服务将智能化融入服务终端的各个业务环节，面向海量用户提供千人千面的高品质服务，实现贯穿全用户生命周期、全用户旅程的全场景智能化服务。如图3所示，从公司用户到公司客户，从早上出门到晚上回家，基于不同场景下，君弘灵犀可以一直伴随用户。

而为了体现一站式精益服务，国泰君安选择通过布局投前、投中和投后场景来覆盖客户生命周期。以智能投资为例，客户投资前，智能化服务的重点在于，让客户知道如何科学理财，重点则放在投资标的选择上；一旦客户决定投资，智能化服务会引导客户选择合适价位

① 参考国泰君安证券股份有限公司信息技术部总经理俞枫：《君弘灵犀让线上服务更智能》，金融咨询网。

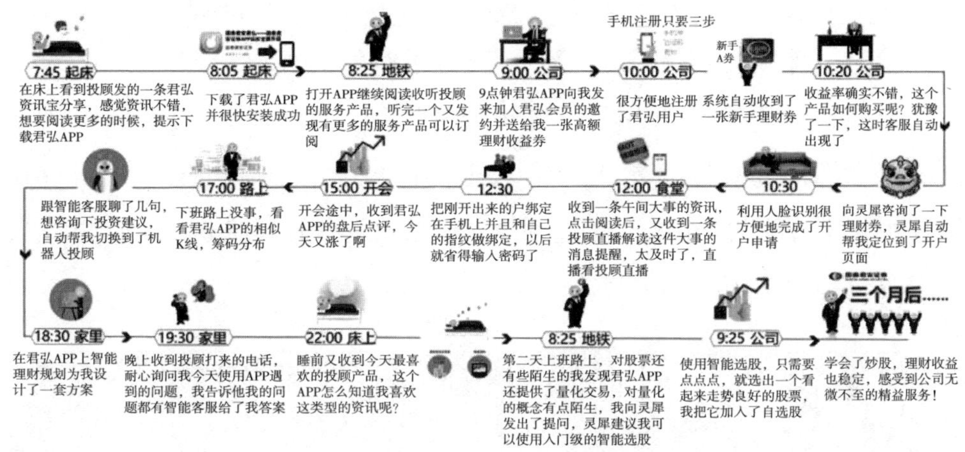

图 3　贯穿用户全生命周期的精益服务

（资料来源：国泰君安证券）

下单，并给以调仓建议；一笔交易的完成并不代表服务结束，智能化服务将在投后阶段给出账户分析，对客户投资理财能力、投资风格及调仓频率进行诊断和分析。

二是如何实现个性化、差异化、智能化服务？

通过融合多层次的智能服务组件（如图 4 所示），君弘灵犀在 APP 上实现了为用户提供账户分析、异动提醒、智能选基、理财规划等个性化服务，提供了相似 K 线、筹码分布、君弘服务、资讯推荐等差异化服务，利用科技手段为客户提供智能客服、智能选股、资讯分析、生物特征等智能化服务。而在行情交易中，国泰君安已实现客户下单时提示成本分布形态和报价所处位置，这是其他券商尚未实现的智能化功能。

在智能理财方面，周万涛介绍，我们希望全面了解客户的信息，在一个较长的时期里对客户进行比较精确的画像。但光是有交易数据还远远不能实现，让灵犀这个生动活泼的形象直接与理财客户进行互动，就是一种轻松、灵活的 KYC（充分了解你的客户）方式。

智能客服则是基于 NLP（自然语言处理）技术，结合客服团队收到的电话问询和投顾日常工作需求进行机器学习。在开发上，国泰君安重视机器学习的进化，通过对一个问题的若干问法进行语意抓取，使机器也能对语意进行判断。

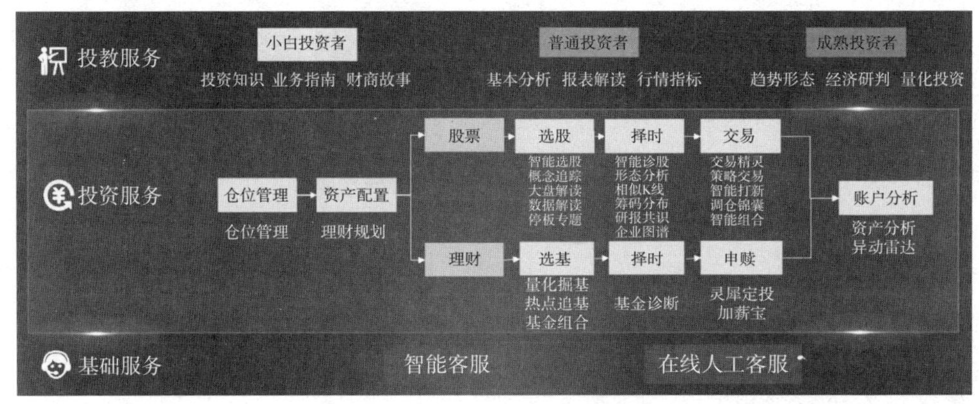

图 4　君弘灵犀智能化服务架构图

（资料来源：国泰君安证券）

三是如何保障海量用户高并发大流量的数据处理？

国泰君安证券通过提高自主研发能力，探索开源新技术的应用，在诸如分布式实时计算、内存数据库、分布式消息中间件、AI 框架等方面发挥了这些开源技术的优异性能，对系统框架的掌握达到了领先的水平。通过对客户进行行为特征分析预测，预生成基础指标体系；采用基于 MQTT 的多节点分布式桥接架构，建立海量消息推送体系；流量计算框架 STORM 支持海量用户数据的计算，解决了海量用户、实时响应、服务精准等一系列应用系统难题。

在向客户提供个性化、差异化、智能化精益服务的同时，平台弥补了线下投顾服务能力的不足，大幅提升服务资源配置效率。君弘灵犀也能为投顾赋能，通过导入君弘灵犀的部分功能，投顾可以便捷地服务客户，并能拓宽服务范围。

截至 2019 年 10 月，已有超过 3200 万用户被牢牢吸引在君弘 APP 之上。智能客服应答准确率超过 96%；智能投资、智能理财陆续上线 30 多项伴随式场景功能，汇集了 6 个机器学习策略，200 个量化策略，2000 多个用户标签，50000 多条知识点，50000 多个模型有效特征变量，1500T 数据体量，日均服务用户量超 100 万次，有效弥补线下投顾服务能力的不足，大幅提升服务资源配置效率，实现高频化、标准化的服务替代。

而据毕志刚介绍，君弘 APP 已实现了规律性迭代开发，每月更新一个大版本，每两周更新一个小版本，迭代速度领先于证券行业。他认为，与 IT 部门的亲密合作是成功的关键，Fin 和 Tech 定期开会讨论，5G 时代刚来临，他们已经在计划要携手研究智能网点的各类可行应用。

持续性战略投入筑高金融科技“护城河”

2019 年是科创板落地年，研发投入占比、研发人员占比等指标成为对科技股估值的重要参照值。有分析认为，未来要判断券商的投资价值，这些指标的表现同样重要，研发投入将被纳入券商股的估值体系。因此在各家券商转型过程中，布局金融科技被视为重要战略。

对于国泰君安而言，网络金融的本质是流量运营，其破局关键是以金融科技为驱动，搭建整体性、系统化全量客户服务体系，构建“O2O＋财富管理”的服务发展新模式。2018 年 11 月，国泰君安零售客户服务体系正式发布，该体系以2000多个用户标签为基础，独创五星四标签的分类分级系统，聚焦客户获得感，为用户分类分层提供贴心服务。

其实，国泰君安在数字化、智能化方面一直具有良好的信息技术基础，每年在金融科技方面的研发投入超过5亿元。其“双态全流程IT管理平台”和“智能化在线服务平台”都荣获了第六届证券期货业科学技术奖，居证券行业之首。而君弘灵犀不仅获得了上海市人民政府颁发的2017年度上海金融创新成果奖一等奖等多项省部级大奖，而且还获得了超过40余项媒体荣誉。

国泰君安前任董事长杨德红曾在《证券时报》访谈中[①]对“数字化国泰君安”有过一段精彩的解析，他表示，对国泰君安来说，数字化是一个动词，是不断地通过先进的科技手段、通过数据的汇聚和分析、通过智能化的探索，为各业务板块的核心竞争力赋能，同时将各业务板块的能力凝聚在一起，提升公司的整体生命力和各方面效能。

相比其他券商的智能化单点功能，近两年来，国泰君安更寻求从投研端、财富管理端、客户服务端等多方位向数字化转型，打造“数字化国泰君安”。具体到零售端，除了君弘灵犀，国泰君安还建立了3A3R数字化运营体系，实现了国泰君安互联网金融业务的全数字化运营，这一标准也逐渐成为行业的统一标准。

在数字化、精细化运营体系的驱动下，零售客户对于多元化财富管理服务的需求，是君弘APP多年来始终致力于满足的目标。君弘APP对自己的定位远不仅仅是一个买卖工具，而是一个一站式综合金

① 参考《零售经纪转型之路，国泰君安“双轮”战略见成效》。

融服务平台。在3A3R体系下，借助包括用户行为习惯在内的数据，用户可以在君弘APP上购买定制化理财产品、观察最新经济动态、了解财经类资讯、参与平台上一系列活动等。

举例来说，包括发布《策略周刊》，以时下流行的轻阅读方式，以长图形式，通过微信微博等线上媒介传播，最大程度地拓宽受众人群，传递通俗易懂的专业资讯，用户在碎片时间中即可轻松了解上周市场亮点、本周市场行情与实用的市场策略。

邀请金牌投顾担当君弘FM主播，运用投资经验为客户零距离解读市场动态；或是放送一场思想碰撞、趣味横生的“周末思想汇”，在周末给客户送去关怀。

推出各种理财活动，如在证券行业首推“818金融狂欢节”。每年的8月18日是国泰君安司庆日，从2017年起，尝试在君弘APP中，通过理财节的形式回馈新老用户。2019年，包括国泰君安、国信证券、山西证券、兴业证券、太平洋证券等在内的60多家券商不约而同地选择在8月，以举办“818理财节”的形式，通过寓教于乐的方式向用户传导科学的理财理念，探索财富管理之路，证券行业的“818理财节”已巍然成型。“我们希望‘818理财节’这个活动能够一直延续下去，成为类似天猫‘双十一’、京东‘618’这样的节日。”周万涛表示。

而用户更看重的则是，券商APP的金融科技功能、智能化功能如何能自然而然地使用，而不是特意去寻找、学习这些复杂的功能。君弘APP在这点上进行了体验升级，将包括君弘灵犀30多项智能化模块在内的各功能与使用场景紧密贴合，用户在日常的操作使用中能自然享受到金融科技的便利，不必刻意唤起某个功能。举例来说，君弘APP中的诊股优选功能，对沪深A股按五大维度模型、55项因子差异赋值综合打分，旨在辅助用户掌握自己关注的个股在全市场的排名与行业排名。

2018年以来，在君弘灵犀智能服务的基础上，国泰君安又提出了“有温度”的人机合一、伴随式服务的理念，君弘在线则是其中的重要工具，在直播间投资者能实时和距离自己最近的投顾进行互动。毕志刚认为，投资需要信任，而信任是通过人传递的。一直以来，证券互联网平台缺少在线服务人员与客户的直接紧密沟通，导致平台与客户之间难以快速建立紧密的关系，客户对平台的忠诚度和迁移成本较低。而通过“君弘在线”线上服务窗口，为客户提供“有温度”的人机合一、伴随式在线投顾服务，可以有效增强客户黏性。

三、未来：一路向前，逐鹿全球化数字财富管理

当前，银行、信托等金融机构都盯紧财富管理这块蛋糕，这些机构的客户群体庞大，券商如何抗衡？

在毕志刚看来，不同行业的财富管理概念是不一样的，国泰君安这类综合型券商在财富管理能力上是具备优势的。从客户群来看，已经有很多高净值的客户，而且风险偏好相对较高，他们更愿意配置高收益、高风险的产品；而从金融产品服务来看，其实券商的全面服务能力在所有金融机构里是最强的，因为银行更聚焦于债券类、货币类、非标类，提供的产品以固收类为主，对于权益类、商品类、衍生品类的产品，券商的产品设计要更胜一筹。

其实过去20年里，证券公司也在不断做财富管理，但券商最大的问题在于，过去的通道收入比较好赚，阻碍了其服务化、体系化进程。

但“割韭菜”是不可持续的，国泰君安发展财富管理的出发点是让客户资产保值增值，再从中收取服务费用或分成，这是一种共赢。而在单一市场里，所有标的物大趋势上都是同涨同跌的，在当前中国熊长牛短的现实下很少有人能坚持做长线。

因此，未来发展财富管理，对券商的综合服务能力提出了更高的要求。而国泰君安早已胸有成竹，“打造智能化服务 APP 以及垂直领域超级 APP 只是我们以金融科技赋能经纪业务的尝试，但这只是单一的业务，并不是财富管理的全部范畴，未来我们希望能看得更远。”毕志刚表示。

这些都将落脚于君弘灵犀的升级，“现在君弘灵犀呈现的千人千面还只是模块化的，而未来我们的目标是通过优化算法向投资者呈现个性化页面。”2019 年是新三年规划的开局之年，国泰君安计划通过采取封装策略模式让君弘灵犀更加智能。“也许在未来某个时候，君弘灵犀能解决一些问题时，我们可以将其称作是真正意义上的‘智能投顾’了。”他非常看好灵犀智能化的未来。

而对国泰君安来说，财富管理将向纵深发展，以数字化的方式发展财富管理将是其中的关键。毕志刚认为，依托金融科技平台为大众客户提供智能化、场景化的财富管理服务；为富裕客户提供人机合一、伴随式财富管理服务；为高净值客户提供金融科技赋能下的个性化、尊享式财富管理服务将是未来数字财富管理发展的主要模式。

国泰君安非常重视海外市场，目前也正在实现全球化发展。毕志刚表示，“如果不能做到这一点，我们的专业度就体现不出来，比如，客户可能会对某个 A 股上市公司很熟悉，但假如是要去投资巴西资本市场，那他就既不熟悉当地情况，也不熟悉结算方式，必须要用到专业的投顾服务。”但要让客户真正信任券商财富管理的全球投资能力，还需要整个行业不断锻炼自身能力，更需要监管给以广阔的空间。

毕志刚还提到，证券公司的客户交易结算资金都是第三方存管在银行，主要是向客户提供交易通道，要把资金和资产对接起来，才能做好财富管理。

科创板的出现将给证券行业的业务模式带来转变，券商有望打通批发投行业务和零售财富管理业务。具体来说，投行客户在科创板上市后，这些股票就是资产，对于战略投资者而言，通过出借科创板证券获取现金回报在长期投资中十分重要，他们可以把券源出借给券商，“我们既可以经营两融业务，也可以通过资产管理公司包装成产品，从零售渠道销售给客户，同时打通资产端和资金端，这对国泰君安未来发展财富管理而言也不失为一个好办法”，毕志刚表示。

不管是拓展海外市场做全球化的数字化财富管理，还是打通科创板资源，为客户提供创新业务服务，这边风景正好，国泰君安一路向前、步履不停。

蚂蚁财富：

用 AI 重构线上理财，一只蚂蚁的财富梦

“你的风险等级是平衡型，但你当前持有的理财资产整体风险偏低。”

“建议你开始为养老做准备，可以关注一下养老相关的信息。”

“过去一年，你买基金的时候有一些追涨倾向，你有 3 次在连续上涨的行情下买入基金。追涨容易踩在高点，你要注意了哦。”

上面这些信息均来自蚂蚁金服的个人智能理财助理的提醒。

如果你打开支付宝 APP，沿着“我的—总资产”路径，就可以找到这个以蓝色蚂蚁为头像的智能理财助理。你问什么它就会告诉你什么，包括你的理财行为评估，持仓风险控制，它还可以帮你选理财，把控市场风险，它还会为你提供个性定制配置策略等。

这款全新的智能理财助理，在 2019 年 6 月 20 日召开的蚂蚁金服财富伙伴大会上与公众首次见面。当天，3000 多人的会场座无虚席，大家期待着蚂蚁金服财富平台今年会推出哪些新的玩法。

蚂蚁财富，在两年前的6月14日由“蚂蚁聚宝”升级而来，当年同时上线的还有重头产品“财富号”。

财富号相当于蚂蚁财富给基金公司提供了一个在支付宝端内的自运营阵地，基金公司在财富号内提供专业的理财产品、以内容为载体的理财教育、理财进阶等服务，财富号及其背后的AI能力则帮助这些专业产品和优质服务精准匹配海量用户。

两年过去了，蚂蚁财富平台不断发展壮大。截至2019年6月20日，进驻蚂蚁财富平台的基金公司从最初的7家发展到80余家，并且接入了近5000只公募基金。与2018年同期相比，蚂蚁财富平台的非货币基金理财用户数增长超100%。

蚂蚁财富从“财富号”出发，打磨出一系列智能理财服务产品，如“司南”“如意”，让传统的基金业务模式发生了人、货、场的重构。未来理财市场又将会发生怎样的重构?

蚂蚁金服集团副总裁黄浩在这场财富伙伴大会上表示，蚂蚁财富要实现三个“全”：第一个——所有人，以及他们的全生命周期；第二个——全部的货，即全资管品类；第三个——全服务的链路。

“在一个人的投前投中投后，我们要实现全生命周期、全资管品类、全服务链路的重组。结果是，所有的人在他的全周期里能够购买适合他的理财产品，能够享受全链路的理财和陪伴服务。”他说。

理财是一趟孤独的旅行，“投之前心慌，投后还心慌。”黄浩表示，用户理财趋势正在发生着潜移默化却又非常深刻的改变，“销售之外，服务已成为刚需；交易之外，内容正在成为刚需；产品之外，配置正在成为刚需。”

但如何把服务、内容、配置提供给用户，是基金公司、银行、金融科技企业面临的共同难题。从线下到线上，从大众到个性，从“躺着赚钱”到争夺长尾用户，一场围绕理财为主的财富管理战争在三年前就已打响。

对当时的蚂蚁金服而言，这是一片亟待开发的蓝海，“财富号”的故事正是从那时开始的。

一、财富号萌芽：从余额宝到基金淘宝店

2016 年中，已经在阿里巴巴工作五年的高级运营专家鹿鼎意识到，是时候该做点事让基金这个行业变一变了。不止是鹿鼎，还有做基金业务的其他小伙伴，如林思思等。

那段时间，恰值蚂蚁聚宝正式上线近一年。蚂蚁聚宝即蚂蚁财富的前身，这是蚂蚁金服 2015 年 8 月推出的互联网理财平台 APP，整合了余额宝、招财宝业务，又新增了基金和股票。

但一年的时间，尽管有蚂蚁金服的流量支持，但用户和资金基本都流向了头部产品，如余额宝。

鹿鼎回忆，从 2015 年 8 月上线到 2017 年 1 月，一年半的时间，基金的用户规模只有几百万。也就是说，“100 个余额宝用户中只有 1 个会买基金。”

如何才能让更多的用户了解基金、购买基金，成为鹿鼎和林思思等人苦恼的一件事。

其实不仅仅是蚂蚁金服着急，基金公司更着急。天弘基金负责电商业务的张牡霞回忆，当时业务越来越多，想法越来越多，但落地却很难，原因是人手不够、没有落地的平台。

经常与蚂蚁金服对接的张牡霞清晰地记得，蚂蚁聚宝上线不久，“蚂蚁金服负责运营的一些人经常半夜发消息跟我们沟通一些问题，有时甚至两三点还在工作。”她说，“看到他们很忙，自己又无能为力，尤其是好多个夜晚都是熬到了两三点钟，还在做一些场景的时候，我们就会想，你为什么不分一些东西给我们做呢？”

这个时候，蚂蚁金服“开放”的战略正在慢慢形成，财富号的想法也从基金公司的疑问开始逐渐成为一个可落地的解决方案。

不得不提的是，2016 年发生的另一件事，也催生了财富号想法的出炉。

这一年 5 月 18 日，支付宝和淘宝同日宣布下线基金支付业务和淘宝基金理财平台。换句话说，支付宝的基金交易和基金淘宝店同时“关门”了。蚂蚁金服当时官方回应称，基金相关业务将转移至“蚂蚁聚宝”上。这是蚂蚁金服战略的一部分。

基金淘宝店最初上线是在 2013 年 10 月。这一年可以说是互联网基金的“大跃进”之年。因为这一年 5 月，诞生了余额宝。

余额宝的诞生，打破了金融业的二八定律，即 80% 的财富由 20% 的人掌握——正因此，金融行业素来“嫌贫爱富”，服务的也总是那 20% 的人。但余额宝颠覆了行业认知，高达 7% 的收益率让其迅速蹿红，上线六天，用户数就超过了 100 万，两个月后，投资规模突破 200 亿元。这对当时主要以银行代销和公司直销为主的基金公司而言，只能用“震惊”二字形容。

一般而言，国内小型基金公司的总客户数量也就在百万以内，而大型基金公司也只有几百万。

基金公司第一次感受到了互联网的威胁。之后，余额宝的鲇鱼效应和示范效应，让市场上诞生了许多“宝宝类”基金产品，许多金融机构尤其是基金公司开始觉醒，开始从线下往线上搬。

正因为有了余额宝的巨大成功，阿里趁热打铁，同年 11 月 1 日，首批 17 家公司基金淘宝店风光上线，引起了业内极大关注。上线第一年“双十一”时，易方达基金淘宝旗舰店日销破了亿元。到 2014 年“双十一”时，由于各种流量和人气加持，一家排名较靠前的基金公司，基本上日均销售额可以达到千万元的规模。

张牡霞所在的天弘基金虽然在 2013 年通过余额宝获得了亿万用户的关注，但直到 2015 年 5 月才上线淘宝店。

基金淘宝店相当于一个卖基金的网络平台，虽然可以直接跟用户产生近距离接触，但是张牡霞发现，这种模式似乎不太适合销售基金。“因为金融产品讲求的是其本身的策略、理念，还有服务，而在淘宝店里，更多的是依靠产品收益率高低来吸引用户，很多其他想法、技术、服务，我们做不了。”

这种想法只是一个缩影，其他基金公司也会有同样的困扰，但更大的困扰在于交易量越来越少。由于店面维护投入较大、缺少明显入口、流量少等因素，到 2015 年 9 月时，许多基金公司等日销就降到了几百万元，2016 年 4 月时甚至降到了几万元。数据显示，基金淘宝运行两年多仅有 38 家基金公司在淘宝“开店”，累计交易用户数近 180 万。

2016 年 5 月 18 日，淘宝基金店铺全面关停。建信基金公司人士曾在接受媒体采访时表示，关闭基金淘宝店并不意外。“之前高峰期一天可以卖上千万元人民币，而销售额 2015 年 9 月以后下降很快，到 2016 年时降到一天只有几十万元。”

尽管从上线到全面关停，基金淘宝店只生存了两年多时间，但作为当时最好的网络基金理财方式，基金淘宝店培育了一批投资者的网络理财习惯。

关停淘宝店后，基金网销急需一个新的出口，而这个出口就落在了新成立不久的蚂蚁聚宝身上。

为了让用户能在蚂蚁聚宝上理解并产生基金交易，鹿鼎和小伙伴们发起了一个“养基活动”，也就是让用户先以很小的投入体验这只基金，再形成复购，在行情波动的时候，基金公司能够给用户讲一下波动的原因和影响等。当他将这种想法落地的过程中，却发现“设想很美好，现实却很骨感”。

他去找了当时业内排名非常靠前的几家基金公司，“多数基金公司都认为自己是加工零件的，蚂蚁更像是为客户服务的4S店，服务用户应该由蚂蚁金服来做。但我们团队擅长的是互联网能力，缺乏金融产品提供和分析能力。”鹿鼎说。

最终，“养基活动”以“友善的接待，平顺的沟通，无疾而终的结果”宣布失败。

二、寻找方向：“让复杂的金融产品说人话”

2016年底2017年初，基金淘宝店已经下线半年多了，一方面基金公司需要一个新的销售出口；另一方面，蚂蚁金服的开放战略正在逐步成型，需要一个新的平台，让基金公司讲述自己的故事。

这时，鹿鼎等人不甘心，决定往后再退一步，退到在基金产品“出生”的那一刻，就把它的故事互联网化，讲一个用户能理解的故事。“财富号”正是在这样的背景下萌芽的。

前面已经有余额宝的成功，如何复制这种成功，让复杂的金融产品说人话，是鹿鼎团队面临的首要问题。

当时市场上主要有两种销售模式，一是通过互联网基金销售平台，如好买基金、天天基金等，这些平台已经做得非常成熟，而且也是基金网销的主要平台；二是通过各大银行。

经历了 2015 年股市大起大落后，这时的股市和基金市场都有点不温不火。鹿鼎等人认为，如果要让用户在波动的基金市场中获得收益，首先不能鼓励用户去追逐热点，也不能让用户在不了解这只基金的情况下重金持有或大规模加仓，而是要让用户多体验、多观察、慢慢了解，用定投的方式化解时间和波动的风险。

鹿鼎等人将自己的想法向蚂蚁金服财富事业群常务副总裁祖国明报告，祖国明当时表示，一定要让这棵想法的苗，在最初就完全按照既定的用户价值规划长起来。

在“客户价值第一”的原则下，他们反复讨论后，决定“一做、两不做”：

第一，不做银行的模式，不能频繁引导用户交易；

第二，不做既有基金网销平台流量竞价的模式；

第三，要做的是，让用户明白这只基金是什么，让用户稳健地持有，不要频繁换仓，也不要苦恼加仓。

“其实我们不着急赚钱，甚至说在这种模式下运转十年不赚钱都没有问题。”顺着这个目标和路线，鹿鼎和林思思等人相继行动起来了。由于有了前期“养基活动”的教训，他们放弃了一些已经拒绝过他们的头部基金公司，将目光转向了业内一些更为开放的基金公司。

三、从闭关到上线：一场始于 AI 的开放

鹿鼎回忆，2016 年 12 月底，他们兵分两路，奔赴上海、广东、北京等地去拜访基金公司。

但经过为期一个月的走访，鹿鼎发现，80% 的基金公司都是表示观望，走访的十多家基金公司中只有博时基金一家对财富号平台感兴趣。

博时基金互联网金融部副总经理吴伟杰还记得，蚂蚁金服负责与基金公司打交道的高级业务发展专家财道来博时拜访时告诉他，蚂蚁金服希望推出一个新的平台，让基金公司能够直接接触用户，同时给用户提供比较好的售前、售中和售后服务。

概括来讲，财富号平台是让基金公司与用户直接连接，在这个平台上进行“自运营”，更多地为用户提供投后陪伴服务。基金的销售方式也会发生相应的变化，从“理财超市”类单纯比较收益高低的模式，逐步转变为“直面用户个性化需求”。

在详细了解后，博时很快成为蚂蚁财富平台的第一批接入的基金之一。实际上，博时此前已经和蚂蚁金服有过深入合作，并积累下了近几千万网络用户。吴伟杰说，“我们是非常欢迎的，公司层面非常重视这个事情，因为这意味着我们有机会直接服务客户，了解用户并能形成用户黏性。”

当时，包括博时、兴全基金在内的一些基金公司已经意识到电商是未来的长期战略。兴全基金电子商务部总监周树明记得，当时公司决定做财富号只用了一周时间。“当时团队里也有不同意见，尤其是一

些小朋友，他们担心公司投入很多钱，但最后没结果，那不得把他开了嘛。”他说。当时，经过几轮讨论后，兴全基金也成为第一批入驻“财富号”的基金之一。

最终，鹿鼎圈定了天弘、博时、建信、南方、兴全基金作为第一批上线“财富号”的基金公司，与他们一起孵化这个项目。

因为各家基金公司擅长的基金产品和定位有所不同，这时就要先搜集他们的不同需求，将需求产品化。

当时主要负责与各家基金公司做前期沟通的高级运营专家林思思对这段经历印象深刻。2017 年春节前，立项后的第二天，林思思就回家准备结婚的事情。在接亲的路上，穿着红色喜服的林思思坐在车里还在跟基金公司打电话、碰需求，这个时候，基金公司的电商运营基本上都是很懵的状态。

她还记得，当时的基金公司基本上只有 BD（即商务拓展经理，也指地推）和商务人员，很少有运营人员。“问他们需要货架吗，需要一个什么样的货架，想展现什么样的要素，他都不太能说出来，他只知道要卖东西，但具体怎么卖，不知道；基金公司都说想要做存量，但具体怎么做，不知道。”林思思说。

一个个的电话打下来，如何深度解读产品，需要哪些工具，如何把诉求产品化，在后台要开放哪些数据给基金公司，如何优化各种数据……林思思搜集了许多基金公司的原始需求，然后再将这些需求产品化，梳理出各种各样的接口，慢慢地形成了具体的产品框架和整体的运营思路。

2017 年 2 月、3 月，前期的准备工作已经完成，蚂蚁财富平台的团队和五家基金公司的团队开启了为期三个月的“闭关”之路。

鹿鼎回忆说，“当时蚂蚁的团队成员只有五六个，基本上是一个人盯一家，每家基金公司也会派3～4个人在蚂蚁这边办公，形成一个4到5人的团队，各在一个闭关室进行产品孵化。”让他印象深刻的是，一开始的时候，各家基金公司之间信息是隔离的，自己想出的一些点子怕别人知道了，但后来，一些基金公司主动提出，希望大家能够在一起来做点事情。

这个时候，基金公司主要提出一些自己可以提供的产品，双方讨论具体如何包装，如何讲故事，通过什么方式进行陈列展示，如何运营等非常多的细节。由于每家基金公司的产品和长项不同，他们孵化出的玩法也各不相同。“国泰基金会去做一些偏时效类的产品，博时基金就会做一些偏大类资产的产品。”鹿鼎说。

但所有的基金公司做财富号都有一个共同点，就是让用户懂资产，能看明白这个基金到底投的是什么以及为什么会出现涨跌。

财富号上线前夕，消息在业内小范围地传开了，嗅觉敏感的国泰基金和民生加银这时也迅速加入。“当时他们就打电话跟我说，听说我们有这么一个项目，他们想加入，我们本来想劝他们等等看第一批上线之后的效果，当时他们就表示想尽快加入，希望也成为第一批上线的基金公司。”鹿鼎说。没几天，在某个周日，两家基金公司分别在上、下午来了十几个人，突击进行上线前的培训。

2017年6月14日，蚂蚁金服宣布将“蚂蚁聚宝”升级更名为“蚂蚁财富”，同时推出拳头产品“财富号”，包括天弘、博时、国泰、建信、南方、兴全、民生加银共7家基金公司首批进驻“财富号”。此外，浦发银行、中信银行、兴业银行3家银行也同期入驻。同日，蚂蚁金服还宣布向金融机构开放最新的AI（人工智能）技术。

从这时开始，蚂蚁财富从过去单纯的渠道方，转向了渠道 + 技术开放的平台。

借助财富号，基金公司可以通过自主运营，直接服务用户，进行基金销售。更重要的是，基金公司还可以结合蚂蚁聚宝开放的用户画像、营销工具、精准投放能力，以及基金公司自身的投资研究能力，为投资者提供定制化的理财教育和投资进阶辅导，把更多理财新手逐步变成“理财熟手”，也变成自己的忠实用户。

这意味着，基金销售从传统“重资产”的模式逐步转向“重服务”。而投后的服务能力是蚂蚁财富尤其看重的。蚂蚁金服财富事业部副总裁祖国明曾在接受媒体采访时说，“无论是蚂蚁财富平台还是财富号，都不是产品销售的单一内容渠道。我们将会把服务放在第一位，以用户为中心提供更好的服务来实现我们的财富管理。”

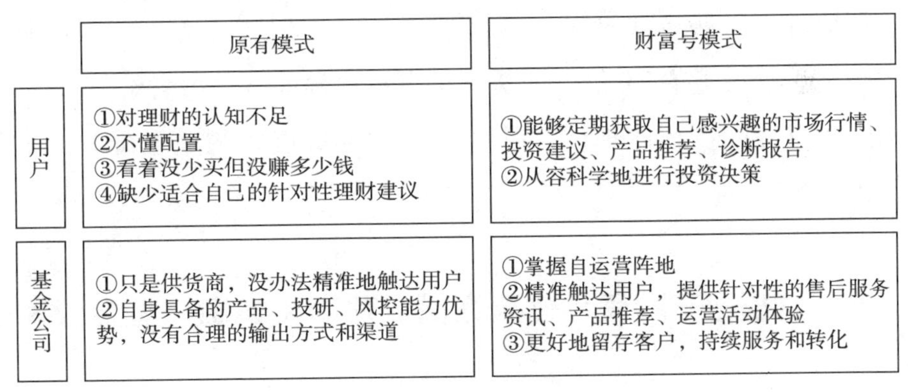

	原有模式	财富号模式
用户	①对理财的认知不足 ②不懂配置 ③看着没少买但没赚多少钱 ④缺少适合自己的针对性理财建议	①能够定期获取自己感兴趣的市场行情、投资建议、产品推荐、诊断报告 ②从容科学地进行投资决策
基金公司	①只是供货商，没办法精准地触达用户 ②自身具备的产品、投研、风控能力优势，没有合理的输出方式和渠道	①掌握自运营阵地 ②精准触达用户，提供针对性的售后服务资讯、产品推荐、运营活动体验 ③更好地留存客户，持续服务和转化

图 1　基金公司销售模式对比

“慢慢地，我们跟基金公司发展出来一种关系，我们给基金公司赋能，由基金公司来服务用户。”林思思说。

财富号上线后，这种服务能力在用户投前、投中、投后体现得淋漓尽致。具体而言，在投前，金融机构可以帮助用户做投资预判、分享互动、理财教育；投资过程中可以为用户做精准推荐，提供帮助用户提升投资能力的相关服务，提供资产市场动态；在投后，可以为用户提供下一阶段的投资策略推荐。

这种服务能力在上线一个月后得到了市场验证。数据显示，基金公司在财富号内的日均交易额持续攀升，相较1个月前，日均交易额增幅达243%，日均客单增幅也达到190%。

2017年下半年，有了实实在在的业绩加持，不断有基金公司找来要入驻财富号平台。一年后，入驻财富号的基金公司达到了27家。而平均UV（每日独立访客量）增长了10倍，用户复购金额增长了3倍，财富号用户的持有时长增加了89%，定投坚持周期增加了61%，过去一年能够赚钱的用户比例增加了20个百分点。

据统计，入驻财富号机构与同期未入驻机构相比，非货基交易金额增幅前者是后者的21倍，非货基保有量增幅前者是后者的11倍。

除了直接的业绩体现，对基金公司来说最重要的是思维方式的转变，以及AI赋能。

四、财富号三阶段：化繁为简、司南+如意、基金公司合伙人

从上线到2019年6月，两年时间里，“财富号”的发展大致可以归结为三个阶段。

第一阶段，从2017年6月上线至2017年底，基金公司根据蚂蚁金服提供的各种能力进行产品的降维处理，化繁为简，围绕着用户的风

险偏好，用讲故事的方式推荐不同的基金。

周树明记得当时他们要推出一款兴全社会责任基金，这只基金选股能力上表现比较突出，投资操作主要是寻找估值有吸引力、主营业务高速成长的“三好企业”。但这样直接告诉用户太晦涩了，如何将这款产品以更加“接地气”的方式告诉用户，是他们当时面临的主要问题。

“他们（蚂蚁财富号的同学）就说要不叫三好基金吧！业绩好、口碑好、潜力好。”周树明说，如此一来，产品的逻辑一下子就能让用户理解了。最终，这款产品的转化率达到了 30%。

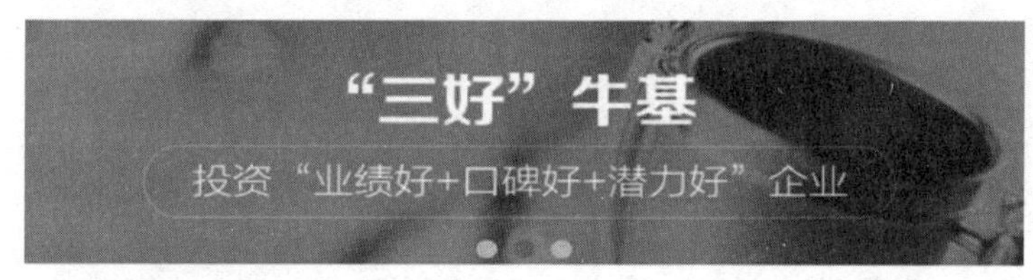

图 2　“三好”牛基产品展示图

在第一阶段，基本上就是基金公司通过“财富号”了解用户，解读用户需求，学会读数据，会将复杂的基金产品降维处理，变成用户可以理解并投资的产品。

通过半年的运营，基金公司越来越懂用户了。博时基金吴伟杰发现，在自家财富号平台上推送一篇关于定投的资讯后，后台就可以看到有多少客户打开了这篇资讯，有多少客户通过这篇资讯进行了复购。

在财富号的背后，有成千上万的用户群，他们有着不同的标签，通过这些标签，基金公司可以知道哪些用户是易流失人群、推送的哪些资讯是有效的，什么类型的用户在什么时段更容易复购等。值得一提的是，机构看到的只是用户的群体特征，后台数据不会透露用户的个人隐私。

在大数据时代，用户的隐私问题和信息保护越来越重要。2017 年，支付宝在行业内第一个设立了首席隐私官，组建隐私保护办公室，加上内控、法务、合规等人员，最大限度地保护用户隐私及信息安全。

“他们教会了基金行业如何用更简单的方式把产品理念传递给用户。”周树明说。

这个阶段，更多的是，基金公司通过“财富号”直接与用户接触，“感受用户心跳”的过程。

随着越来越多的基金公司入驻财富号平台，这时蚂蚁财富号的团队发现，基金公司的需求有了新的变化，也就是对于用户的精细化运营需求，比如将用户精细化分层后会发现，有高承受能力的用户，他们对收益率的要求也很高，有长期持有的用户，有客单量较低的用户，还有高危流失人群、潜在体验人群、稳定态人群等，用户被打上了各种各样的标签，通过标签将他们分成不同类型，基金公司就希望通过更精准化的方式，为这些不同类型的用户提供相应的内容，从而实现服务的精准化。

这个时候，财富号平台的发展进入到了第二个阶段——AI 上场，围绕 C 端需求推出 B 端解决方案。“当时我们就决定要把所有的运营策略，变成一个 AI 的运营产品，让 AI 帮基金公司看数据做分析。”林思思说。

2018 年 6 月 14 日的蚂蚁财富大会上，蚂蚁金服推出了“智能运营参谋”——司南，以及“智能决策引擎”——如意。

“‘司南’是指南针的意思，就是让机构能够快速地找到用户最痛的点，是一个发现问题的智能工具，而‘如意’就是如我心意，诊断出问题后，找到解决方案的一个过程，它提供的是最有针对性的解决方法。”鹿鼎说。

更通俗的理解是，司南就像是做 CT 诊断，帮基金公司每天快速生成运营效果评估和决策，让基金公司快速根据决策结果有针对性地调整后台运营方法。

而如意是输液，负责解决病症。具体来说，如意是通过用户画像、智能匹配能力让基金公司真正能为不同城市、年龄、风险偏好和资产实力的用户，提供针对性的理财服务和运营方案，以支持千人千面的营销。

在这一过程中，除了开放 AI 等技术给基金公司外，基金公司主要做的事情是为用户提供“温暖的陪伴”，在市场起落时，为用户提供投资的解读。

2018 年，入驻的基金公司在财富号上沉淀了 1.1 万个持仓解读内容，依靠 AI 实现秒级的工作，过去人工需要 3 小时才能完成的运营决策，现在 1 秒钟就能搞定。

有了 AI 加持，财富号平台的玩法也更丰富了，于是进入了第三阶段，即中心化阶段，有了“投资心情”“基金周报”“投资周报”等中心化产品。

从 2018 年第四季度开始，“我们重新定位，将自己作为基金公司合伙人。”财道说。这个时候，已有 27 家基金公司开通了财富号，而蚂蚁财富平台更是接入了国内超过九成基金公司共计近4000只公募基金产品。

与网上购物不同，越多的基金产品，对用户意味着越多的烦恼，问题是“不知道哪个更好”，如果选错或选的不合适，就意味着自己的资金将会产生直接的损失。

与此同时，基金公司在线上面临的同样是残酷的竞争规则。当用户从支付宝抵达“财富”的二级页面，这里的每个推荐位、首评出现的每个品牌，背后都是一套全新的流量逻辑。

蚂蚁财富早已明确不做流量竞价，那如何选择出好的基金产品推荐给用户？答案是共创。

“好基工作室”即是其中重要一例。它由蚂蚁金服联合基金界有“奥斯卡”之称的金牛奖评审团队、国内知名基金经理联盟等17位专业评审推出，通过一系列严苛的规则，挑出历史表现好、业绩稳定、抗风险能力强、投后服务能力全面的基金产品，再给予流量倾斜，推荐给用户。

2018年，蚂蚁金服在市场上5000多只产品里选了19家基金公司35只产品。“一年下来，这35只产品是对得起投资者的，无论是债券类还是偏股类我们都跑赢了竞争对手。”黄浩在2019年6月的财富伙伴大会上如此评价。

除此之外，蚂蚁财富还有“指数红绿灯”“财富直通车”“财富王者”“股票猜涨跌”等众多中心化的场景。

“千人千面”的玩法让基金公司的线上业绩持续上涨。2018年，入驻财富号的基金公司交易用户数增长了70%、定投用户数增长170%。入驻机构的平均交易金额是同期未入驻机构的62倍，资产管理规模前者是后者的 68 倍。

玩家越来越多，线上竞争也越来越激烈，行业大格局同时也在发生着深刻变革。2018 年资管新规的出台，不管是银行还是基金公司都将打破刚兑，让理财真正走向市场化。

但未来理财市场真正的图景是怎样的，尤其是在大数据和人工智能推动下，如何为用户提供现代化的理财服务，未来的趋势是什么？智能投顾到底能否实现用户投资收益最大化和风险的最小化？种种问题都在推动着行业往更加智能化的方向走。

五、蚂蚁财富的未来：拥抱新智能、创造新连接

调研数据显示，截至 2018 年 6 月，互联网理财人数已达 1.69 亿人。其中，80 后是互联网理财用户的主力，90 后紧随其后，二者人数占比达到 63%。而作为互联网的原住民，90 后、95 后年轻人对于互联网理财的接受度更高，超七成首次购买理财产品是在线上。

用户线上理财也发生着较大改变。黄浩说，销售之外，服务已经成为用户的刚需，蚂蚁财富平台上 97% 的持仓用户享受到持仓陪伴服务，用户的单内容停留时长超过 60 秒，深度用户当日客单的提升能够达到 40%。交易之外，内容正在成为用户的刚需，用户围绕内容逐步衍生出更多的服务需求。产品之外，配置也成为用户的刚需，在蚂蚁财富平台上，56% 的深度理财用户主动配置多类产品，配置用户的存量金额提升达 24%、持有时长提升 23%。

“AI 正带动理财领域的人、货、场重构”，黄浩在 2019 蚂蚁财富大会上说。数据显示，截至 2019 年 6 月 20 日，财富号入驻的基金公司已

经达到80家，蚂蚁财富平台接入了近5000只公募基金，过去一年非货币基金理财用户数增长超100%。

他表示，过去的理财是为20%的少数人提供最全面的产品和服务，而蚂蚁财富要实现三个“全”：第一个“全”是所有人，以及他们的全生命周期；第二个“全”是全资管品类；第三个“全”是全服务的链路。

“让所有的人，在他的全周期里能够购买适合他的理财产品，能够享受全链路的理财和陪伴服务。”黄浩说。

围绕着人、货、场，黄浩透露，蚂蚁金服未来要做的是“拥抱新智能和创造新连接”，让智能可触、可感，让连接超越连接。

过去两年，蚂蚁财富平台搭建的更多是货和场，2019年下半年，蚂蚁财富重点推出了三个“场”。第一个是“财富大咖秀”，这是一个直播间，投资经理、基金经理通过直播的方式，面对面地向客户解读产品。第二个是每周一个的“机构超级品牌日”，力求在用户心中种草一个新品牌；第三个是“投资顺风车”，帮助用户发现机会、抓住机会。

除了产品的场，蚂蚁财富也在搭建内容的场，建立“讨论区2.0”。讨论区里，不仅有基金公司和用户互动，还有各种各样的服务。2019年下半年，讨论区里的玩法升级，每只产品都有各自的讨论区，各个机构在其中提供丰富的投教和运营工具，可以实现超级话题的运营、小程序解读和产品的陪伴、导入，从而实现更多的用户复购。

理财最早是由渠道驱动的，过去五年是产品驱动的，以余额宝为代表，理财正在走向以用户为中心的AI驱动时代。

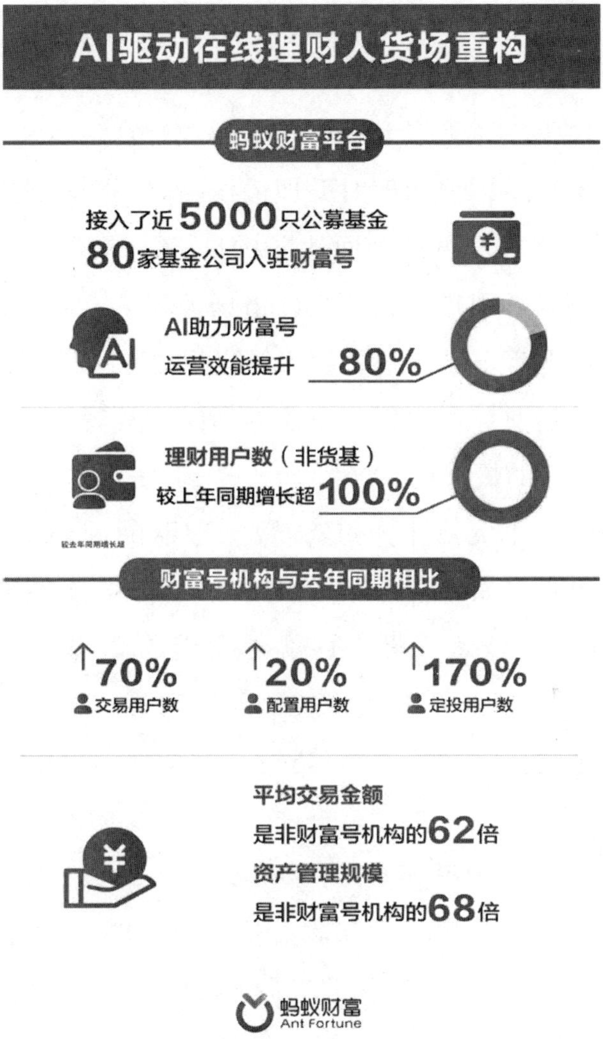

AI驱动在线理财人货场重构

蚂蚁财富平台

接入了近5000只公募基金
80家基金公司入驻财富号

AI助力财富号
运营效能提升 80%

理财用户数（非货基）
较上年同期增长超100%

较去年同期增长超

财富号机构与去年同期相比

↑70% 交易用户数
↑20% 配置用户数
↑170% 定投用户数

平均交易金额
是非财富号机构的62倍
资产管理规模
是非财富号机构的68倍

蚂蚁财富
Ant Fortune

图 3　蚂蚁财富平台业绩（截至 2019 年 6 月 20 日）

一个典型的代表是“智能理财助理机器人”的出现。2018 年，蚂蚁金服从全球集齐了一支团队，其中有资深的理财顾问，以及金融集团的技术专家，还有从事算法的科学家，整个团队横跨北京、上海、纽约、硅谷。历时半年，蚂蚁金服推出了这款全球第一款陪伴型智能理财助理机器人。

在2019蚂蚁财富合作伙伴大会上，蚂蚁财富智能理财助理机器人的产品经理老象介绍，智能理财助理最核心的一个功能是，对用户做理财健康体检。让用户更加全面地分析自己、诊断自己的理财习惯，发现问题。它可以帮用户去分析当前市场大环境，包括大盘走势、估值分析、买卖情况等。在用户了解市场之后，它可以帮助用户选择最适合自己的产品，引导用户建立正确的理财收益观，最大可能地帮助用户实现收益目标的最大化。

与当前的智能投顾不同的是，智能理财助理还提供陪伴服务。“它可以提供200多条陪伴策略，用户某个特殊条件被触发，智能助理就会告诉你应该怎么做，这就是我们的全程陪伴。”老象说，除了主动陪伴，它还是开放式的理财问题问答机器人，接受用户输入的很多理财问题，比如行情、公司、手续费、理财知识、股票等问题。

数据显示，截至2019年6月，智能理财助理累计服务用户已超过1000万，帮助资产偏低的用户将收益从平均4.8%提升到12.5%，同时帮助风险偏高的用户降低了风险，最大回撤-7.5%降到-4.8%。

谈及未来目标，老象说，“在2020年，让智能理财助理的服务用户超过一亿。”

在理财这条路上，每个人都是孤独的，但智能终将让你我连接在一起。

“爆款基金申购费1折起”，2019年“双十一”临近，类似的消息不断地弹出，各大券商也纷纷推出“双十一”理财专区，红包更是多种多样，提问红包、财运红包、现金红包、红包雨、神秘彩蛋，各种新式玩法纷纷出现。

对此时的蚂蚁金服而言，以蚂蚁财富为平台，智慧理财架构已经搭建起来，但故事远未结束，个性化理财时代将会蕴藏哪些机会，我们拭目以待。

添富智投：

AI + 人工，化繁为简

2017 年 6 月 14 日凌晨 3 点，上海外滩的初夏凉意依然，此时汇添富大楼里 100 多号人正在为“添富智投”的第二天上线进行百米冲刺……

“这个页面还是有问题……”，关于版面设计、程序调试、漏洞修复等问题的讨论也愈加白热化，与此同时，17 层的办公室内伴随着此起彼伏、噼里啪啦的键盘敲击声。

说到“添富智投”的缘起，便要追溯到 2015 年。

当时，中国资本市场经历了一次较为惨重的下跌，“股灾”让许多投资者心灰意冷。“你看我的基金净值又跌了，你当初推荐我的时候不是说会涨吗?”“我现在应该赎回还是应该转换，还是说再买点?”类似的客户问题不绝如缕。

残酷的资本市场割了一批又一批“韭菜”，驱使众多投资者从高风险的股市逐渐转向风险较低的基金市场。当时，客户投资需求很大，但服务却难以跟上。对于该如何妥善地回应客户的各种问题，成为当时基金销售人员面临的大难题。

“我们能不能做一个归集化的、高效处理的、引导客户合理投资的产品出来?”再一次面对销售人员的无奈反馈时，汇添富基金的总经理张晖在一次会上说。

正是这一想法促使“添富智投”出炉。

一、去美国“寻根”

“添富智投”实际上是国内智能投顾的一个实践案例。所谓“智能投顾”，是一种基于资产配置理论，利用算法和金融科技来实现有效资产配置的数字化服务。

这一概念最早在2008年由美国的Betterment等创业公司提出。当时美国大众对投资理财顾问有普遍和强烈需求，但专业机构理财顾问的人工服务费用又让人望而却步，部分创业机构意识到，若能降低成本，那便能服务这部分需求未被满足的客户，且这部分客户的数量不在少数。由此，以极低的边际成本服务众多客户的智能投顾业务应运而生。

2014—2015年间，这一概念才从美国传入中国，国内的“智能投顾”市场也逐步发展起来。国内最早试水的是弥财、理财魔方等科技创业公司。2016年，一些大型商业银行也开始布局，招商银行率先于当年底推出首个银行系机构的智能投顾产品——摩羯智投。

此后，各大银行、券商、互联网巨头陆续入局，如工商银行的AI投、浦发银行的财智机器人、华夏基金的查理智投、广发证券的贝塔牛、京东的京东智投等，智能投顾市场逐渐打开。

在金融科技化浪潮下，对任何一家金融公司而言，这都是一个市场潜力巨大的行业风口。在行业发展的大背景下，也为解决用户痛点，汇添富毅然决定进军智能投顾领域。2016 年 10 月，“添富智投”正式立项。

经过两个多月紧锣密鼓的设计与开发，添富智投已初具雏形。此时的张晖认为，闭门造车出门不合辙，要想真正做到与市场“合辙”，自主研发和单纯研究国内产品是远远不够的，对智能投顾摇篮之地的实地调研不可或缺。

2017 年初，张晖亲自带队，率核心团队十余人，共同前往美国进行深度的智能投顾企业参访之旅。

他们此次参访的主要对象是美国智能投顾领域的两大力量：一是 Vanguard、Fidelity 等美国传统资产管理公司；二是专做量化投资的金融科技公司。

美国最早的智能投顾市场由 Betterment、Wealthfront 等专做量化投资的金融科技公司主导。但由于新兴金融科技公司的品牌优势不明显、获客能力不足等原因，其在打开智能投顾市场的前期阶段，略显动力不足。

2015 年前后，Vanguard、Fidelity、Black Rock 等大型资产管理公司意识到智能投顾市场的发展潜力，也纷纷入局，在传统金融服务的基础上提供智能投顾产品。大型资产管理公司利用自身品牌优势、强大的获客能力和资产管理能力，在进入市场后不久便占据了重要位置。

到 2018 年底，Vanguard 已超越 Betterment、Wealthfront 等名震一时的智能投顾先行者，成为全球最大的智能投顾企业，占比超过全球市场的30%。

经过十余年的打磨，如今美国的智能投顾行业趋于成熟。具备市场监管规范、市场数据完备等一系列优势的美国，是指数型基金成长的沃土。到2019年末，美国的绝大部分智能投顾企业也都是基于“指数”做被动投资，如Vanguard便是世界上最大的指数供应商。

在此次参访之旅的尾声，张晖等人从美国智能投顾公司那边获得了一条最重要的核心建议是：做被动配置，同时被动产品的费率要低。但是具体如何做，如何在中国的基金市场现状下，结合自身优势做出有特色的“智能投顾”，成为张晖等人首要思考的问题。

二、美国经验，中国改版

美国的参访之旅让张晖等人收获颇丰，但同时他们也面临新的难题。

首先，摆在汇添富高管面前有两条路：一是借鉴美国经验做指数投资。所谓指数投资，就是以复制指数构成股票组合作为资产配置方式，以追求组合收益率与指数收益率之间的跟踪误差最小化为业绩评价标准。二是结合自身特色，做符合中国国情的主动型智能投顾产品。

显然，照搬美国经验，单独走第一条道路很艰难。中国的指数产品有效性、长期体现经济运行的增量有效性不足，无法行之有效地将被动投资完全复制到中国。

汇添富高管认为，他们擅长的是主动管理投资，利用自身优势做符合客户需求且能适应中国市场的智能投顾产品才是上上之选。

另一个难题是基金组合如何配置，这是智能投顾成功与否的关键所在。无论是大类资产配置，还是细分行业配置，其本质都是对以基金为标的的资产做分析和评价，并且这个评价必须具备连续性和一定的前瞻性。在这方面，美国市场中可采用的有效信息多，所以更容易做。但中国市场面临着基金经理更换频繁、中小基金公司投资风格不成熟、基金销售机构对基金产品了解不充分等诸多挑战，因此在中国市场上开展智能投顾困难重重。

如何解决该问题，汇添富高管决定选择一个阶段性的解决方案：从自己公司选择风险特征长期稳定清晰的基金作为标的资产，通过组合这些基金来精细切分风险资产权重，从而做资产配置组合。被选中的基金需具备以下特点：基金运作策略长期稳定、基金经理任职长期稳定且基金经理能严格执行基金策略。以上种种，使得基金规模能够相对稳定，投资人长期投资才能有超额回报。

此外，美国的纯量化策略也是此次参访之旅的一大收获。简单来说，纯量化就是利用海量的数据建立模型，进行客观的分析决策，从而避免人为主观因素干扰。添富智投中就多处运用了量化系统进行评价，如基金经理评价、基金产品评价、基金公司评价等。

不过，由于市场的复杂性，在中国做纯量化依然困难重重，需要经历很长的周期才能看到价值。为了在中期也能体现出判断的准确性，汇添富在添富智投的各类基金组合的产品配置中，添加了投资经理定性调整权重的职能，即通过研究人员和投资人员与行业内龙头企业、典型公司的双向沟通，依据沟通结果判断行业估值的合理性，观摩行业的成长性与发展空间，进一步完善整体策略的有效性。

由此，添富智投的内涵逻辑已全线丰富完毕，全新的添富智投就此诞生。作为智能投顾的延伸，指数组合产品“指数宝”也于 2018 年

2 月在汇添富手机 APP“现金宝”上正式上线。

三、组织设计开发人员齐到位

2016 年 10 月，“添富智投”构想提出以来，汇添富高层高度重视，集中火力开始人员、组织的搭建工作。

汇添富的电商作为基金界一流的自有电商平台，有全公司内最专业的技术团队以及最丰富的信息资源。电商板块广泛涵盖了战略部、产品部、IT 开发部、运营部、营销部、BD 渠道部、高净值客户部，团队成员逾百人。

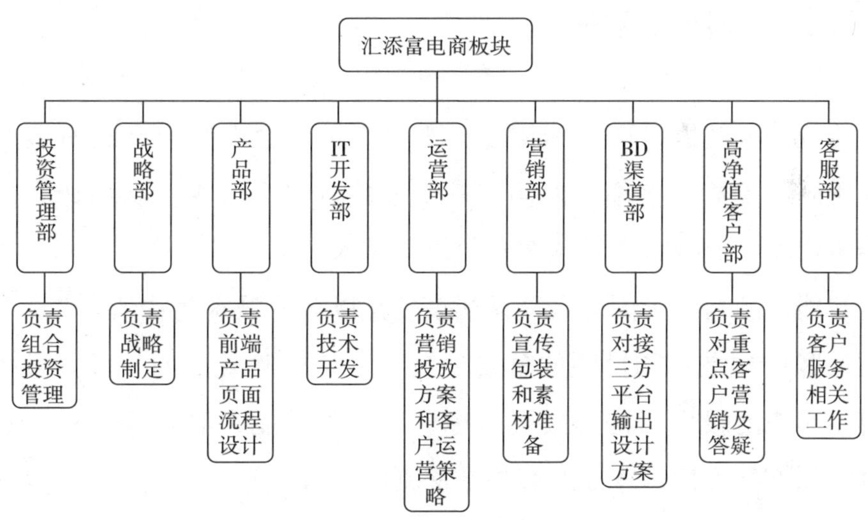

图 1　汇添富电商板块组织图

鉴于现有强大的技术团队，添富智投项目的开展并未专门成立单独部门，而是从电商板块的现有部门中有针对性地抽取与项目运作相关的部门和人员。

在一次组织讨论会上，总经理张晖拍板强调，“FOF 团队也一定要加入到添富智投的研发中来，为添富智投提供资产配置的建议和决策!”

同时，在添富智投的研发过程中，收获到来自公司内部、线上客户以及蚂蚁金服和腾讯等第三方合作方的多方面需求。为此，在 2017 年，公司为添富智投专设部门，目的便是能快速反应需求，以及制定个性化投资策略，即金融产品定制。

专门服务于添富智投的核心团队终于确定，分别是负责包括如何调仓、客户如何跟投等产品设计工作的产品部（FOF 产品的团队），以及开发偏技术类产品和功能的 IT 开发部等。

四、了解你的客户

传统基金销售以产品为维度，销售人员只会向客户介绍基金产品如何优质、投资回报率如何高、基金经理有多么厉害，从而让客户购买指定产品，而很难顾及到客户的真正需求。

智能投顾与之不同。其创设初衷便是以客户需求为中心。“真正了解你的客户”是智能投顾的首要环节，也是极其重要的一环。只有在了解了客户的投资目的、投资目标、风险承受能力等内容并对这些信息进行深度处理后，才能对客户有深刻的理解。

然而单纯的风险调查并不能“看透”客户。调查显示的用户风险偏好可能与其实际的购买情况大相径庭。

比如，风险调查显示 A 用户为风险厌恶型，但在其实际持仓中却购买了大量的股票型基金。这其中的原因是什么？又该如何评价 A 用户的风险偏好和投资决策？

这就需要通过“智能体检”功能来衡量用户风险偏好与风险承受能力的匹配度，从而规范用户行为。

“智能体检就是为了让客户认清自己是一个什么样的人，同时也让机构更了解客户。”一位添富智投的技术人员如是说。

但是为客户设计哪些体检项目，如何建立用户评价模型，一时成为汇添富产品部争议的焦点。

“我觉得用星级的方式来评价客户投资行为和风险承受能力的匹配度不合适！”一位产品部同事说。

提议者补充：“用这种绝对量化的标准来评价人，挺容易让人反感的。拿了五星还好说，要是只拿了一星，用户可能还觉得是这个平台的问题。”

“是啊，有时候我们获得的信息不是全部的，确实也可能存在评价不够准确的现象。”产品部另一名员工说。

“那应该怎么做？”

“要不干脆就去掉，别评价了。”

“那不行，投资者教育这块不可或缺，我们得让他们了解自己！”产品部的同事各抒己见，一时间陷入热议。

“我们可以采用柔和一点的方式，把这种评价做成定性的文字描述，比如资产配置新兴选手、资产配置专家……”

最后，这种软化了产品与用户之间的对立性，同时又能向用户传达建议的方式，得到了产品部同事的一致认同。

在用户评价模型确定后，“智能体检”又该如何设计？

首先需要回答的问题就是，添富智投的目标客群是谁。添富智投将用户分为两类：高净值用户及长尾用户。添富智投累计的高净值用户高达百万，在行业中名列前茅，相当于城商行级别的体量。

“把高净值客户维系好才能实现资产管理规模的大幅上涨。”负责添富智投整体底层逻辑设计的总监助理陶寅闓坦陈。

与此相对的是长尾用户。目前国内的智能投顾市场普遍存在费率偏高、起投金额也偏高的现象，如摩羯智投的起投金额是2万元、银行理财的起投金额是5万元，这就将很大一部分客户排除在外了。

为服务更多的长尾用户，负责风险模型设计的赵瑞说，“我们一定要降低起投门槛，投资超过1000元的就是添富智投的有效客户。”目前，添富智投的长尾用户数超过一亿。

其次，“智能体检”的核心是“用户画像”。用户画像的准确与否，直接决定了添富智投与客户的距离远近。

与银行等机构相比，基金公司在用户画像上存在着天然劣势。比如，银行会有客户的代发工资户，可以让客户通过银行卡还贷款，帮助客户代缴代扣水电煤费等，从而明晰客户的收入和支出结构。但是基金公司没有这方面的信息和资源。

同时，现在很多机构都宣称运用人工智能、大数据等技术做客户精准分析，背后的逻辑就是根据客户的交易行为、社交行为等大数据，将客户的投资需求与其风险承受能力相匹配。然而，汇添富在调查研究中发现，很多数据与客户的投资行为其实并不匹配，甚至无关。因此，单纯依靠数据来进行模型分析远远不够。

基于上述的主客观问题，针对不同的用户，添富智投制定了一系列改进措施。

针对高净值人群，第一，添富智投专门组建了一支十几人的精英团队。团队成员依据其自身过硬的专业素养和沟通技能，与客户进行一对一、点对点的沟通交流，定期回访，从而获取调查问卷以外的信息，以此丰富用户画像。

第二，定期举办高端客户沙龙，与客户交流投资知识，加强投资者教育，了解客户的真实需求。

第三，在2017—2018年期间，开发了一些类似银行理财日历的便捷工具，引导用户通过汇添富手机APP“现金宝”预约取现来还信用卡、房贷、车贷，缴水电煤费等，提升用户体验的同时了解用户的日常投资和交易行为。

具体操作就是，用户平时将钱放在现金宝的货币基金里，设定一个还款日期，每次到期现金宝就自动实现代扣。比如B用户每月5日发工资，10日还房贷，现金宝就会在5日进行自动代扣，其本质就是，5日通过定投申购、10日预约赎回。

此外，为更好地服务长尾用户，汇添富在现金宝上建立了智能客服、添富社区等。通过智能客服回答客户的基础性问题；在添富社区中，客户能与基金经理进行一对一产品互动，还有“热门视频”“核心观点”帮助客户了解最新行业动向；通过定期举办线下投资者宣讲活动、建立客户微信群，获取并回答客户的各种问题。

以此，形成了添富智投一整套独特的用户评价模型，实现客户的智能体检。

五、资产组合配置的逻辑

资产配置路径

资产组合配置是一个复杂的工程，需要全面考量组合基金的起投金额、费率、大类资产配置等因素。

设计之初，汇添富将添富智投的起投金额定为1000元，这个起投金额并非随意设置，在数字的背后隐藏了大逻辑。组合基金的起投金额取决于两方面因素。

一是单只基金的起投金额。若某只基金占整个组合基金配置的10%，且这只基金的起投金额为1000元，那么这个组合基金的起投金额便是10000元。可见，若单只基金的起投金额不降低，便无法降低组合基金的起投金额。

二是费率问题。若费率偏高，那么也就违背了智能投顾的初衷。综观市场，汇添富电商平台的费率具有很大的竞争力。与一些销售机构通过“鼓励客户多交易”的方式多赚取费用不同，添富智投选择依靠管理好组合基金来获取管理费，以实现投资者与自身长远意义上的双赢。

此外，一个基金组合想要获得超额收益，离不开大类资产配置的贡献。

“只要将股票、债券，也就是大类资产配置得合理，组合获得超额收益的可能性就会很大。”陶寅闓说道。

资产组合配置的具体操作路径包括：

第一，明确基金组合的投资目标，并根据投资目标给出最初的配置比例，明确股票、债券、货币、另类资产的各自比重。其中，投资目标需具体落实到基金业绩基准、基金风险测度、基金收益目标等量化指标上。

第二，结合实际市场情况，动态调整各类资产的比重，形成贴合市场的智能产品。

五大类资产组合

针对不同投资需求和风险承受能力的人群，添富智投推出了5种资产组合类型。依据风险级别由高至低，分别是：积极型组合、进取型组合、平衡型组合、稳健型组合及保守型组合。

积极型组合主要配置偏股类基金，权益类产品与固收类产品的配比约是八比二，风险程度高，适合具有高风险承受能力的投资者，高风险背后对应的是高收益。

该组合自上线以来的收益率为16.42%，2019年以来收益率为28.01%（统计时间截至2019年9月19日，下同）。其中，组合收益率根据组合中各基金的占比和净值变化测算得到。

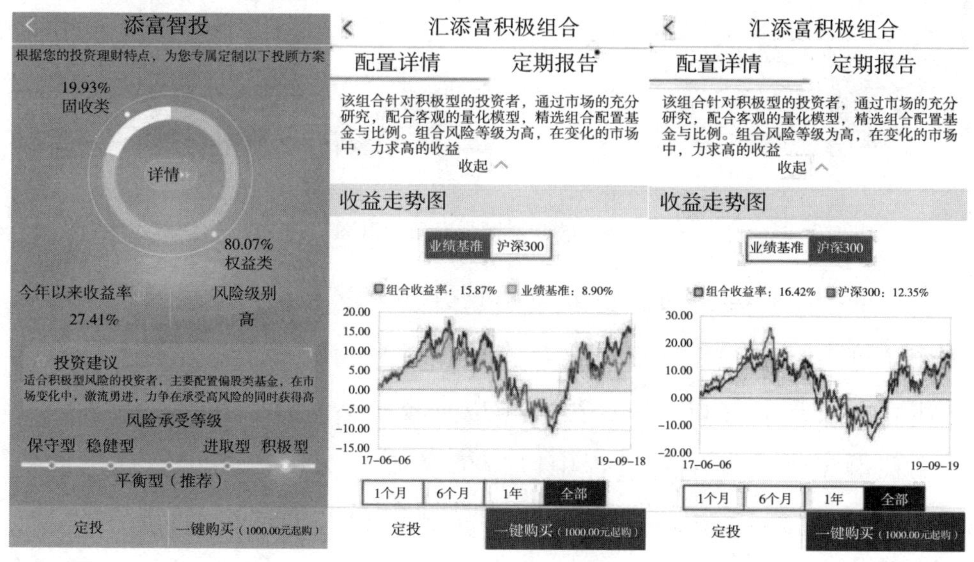

图2 积极型组合产品示意图

进取型组合的配置以偏股类基金为主、偏债类基金为辅，权益类产品与固收类产品配比约为六比四，风险程度较高，适合追求资产长期增值的投资者。该组合自上线以来的收益率为15.74%，2019年以来收益率为22.51%。

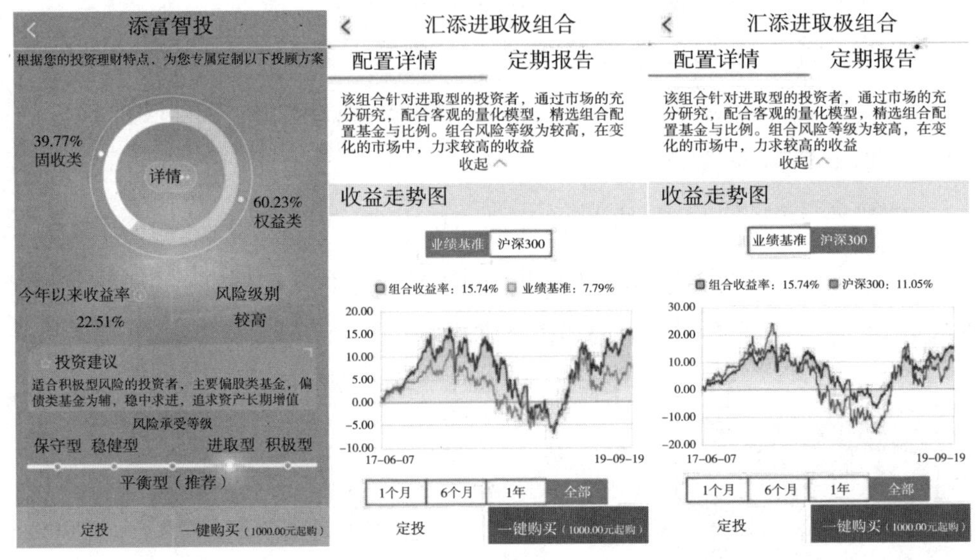

图3 进取型组合产品示意图

平衡型组合的偏债类基金与偏股类基金配置比例均衡，风险等级为中，这类组合适合追求风险与收益相对平衡的投资者。自上线以来该组合的收益率为11.7%；2019年以来收益率为18.21%。

稳健型组合在配置过程中以偏债类基金为主，固收类资产占比近65%，风险性较低，力求为投资者提供长期稳定的资产增值。自上线以来该组合的收益率为12.98%；2019年以来收益率为15.67%。

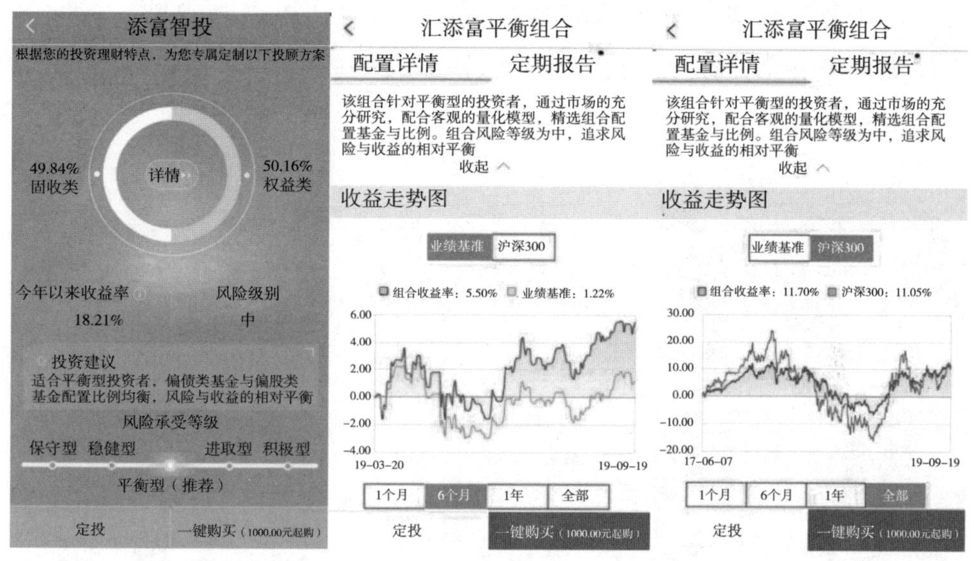

图 4　平衡型组合产品示意图

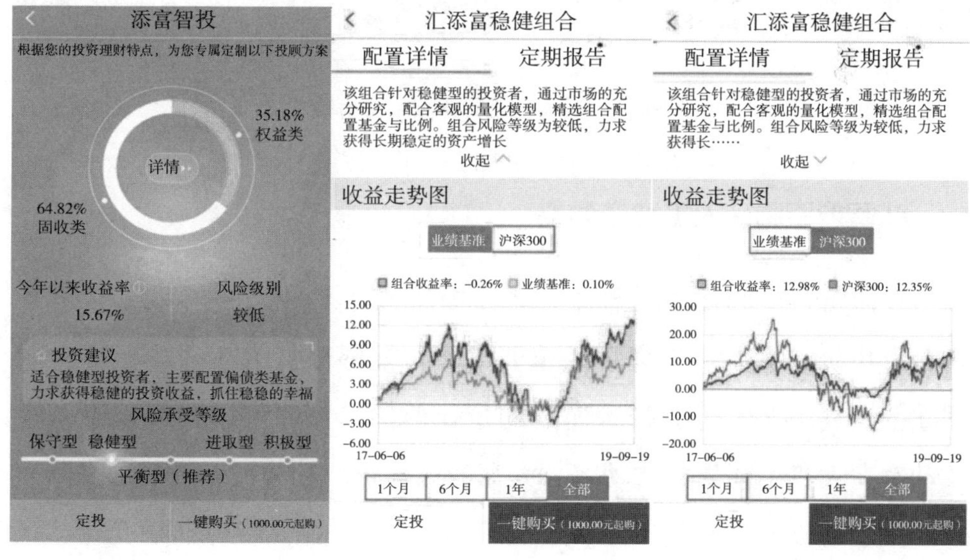

图 5　稳健型组合产品示意图

保守型组合则严格控制偏股类基金的比例，风险等级低，为低风险投资者提供充分保障。自上线以来该组合的收益率为11.32%；2019年以来收益率为11.10%。

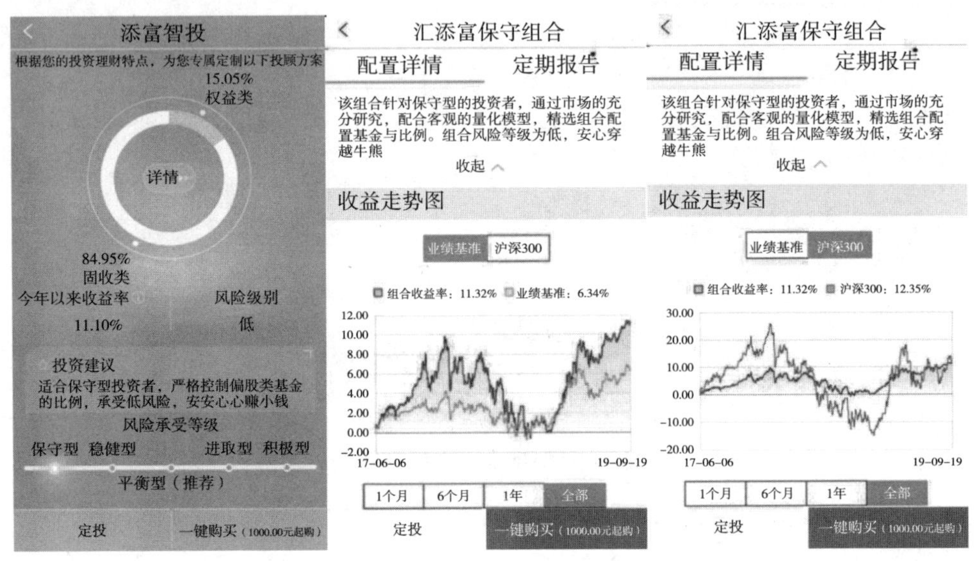

图6 保守型组合产品示意图

AI智能监测+人工动态调整

在添富智投的运作过程中，人工智能技术功不可没。人工智能技术是量化研究员做量化模型的重要工具，能够降低人工成本，提升工作效率。利用人工智能技术建立的量化监测模型，可以日常监测基金波动率、大盘不同指数波动率、大盘的风格资产趋势性行为等。

添富智投实际上是“AI+人工”的产物。由于市场不断变化，人工参与也必不可少。量化研究员会根据市场实时动态对人工智能投资策略进行调整。比如，当发现组合基金的风险与收益目标不匹配，或者发现有比当前组合中基金更合理的产品时，就会进行产品端的调整。

中国投资者，尤其工薪阶层，其风险承受能力相对固定，收支、储蓄、投资、养老等内容具有稳定性。但是中国投资者的风险偏好却具有大幅波动性。比如，当股市好时，投资者蜂拥而至；当“熊市”出现时，投资者又纷纷撤离。

因此，在市场环境发生较大变化时，客户很容易“追涨杀跌”而做出组合调整。对于这种情况，在进行充分的风险提示下，添富智投设置了“自动调仓”和“手动调仓”，以满足产品端调整和用户端调整的需求。

投资经理会根据市场的最新变化及时做出是否需要调仓的计划，即产品端的调整。并且，当投资经理完成调仓后，会通过手机短信通知用户。

若用户选择“自动调仓”，在投资经理完成调仓后，系统会在下一日 0 点发起自动调仓。

若用户选择“手动调仓”，则可以自由调整组合的仓位比例。当组合仓位与投资经理的仓位配置产生较大偏离度时，用户可通过“一键调整”键跟随投资经理的调仓步伐。

长期投资策略

“坚信长期的力量”，这句口号指引着添富智投前行，也鼓励用户坚持做长期投资。

“其实很多客户并不专业且精力有限，我们要力所能及地引导客户去做有利于他们的长期投资。”添富智投的量化研究员徐艺颖说，“这也是个长期的投资者教育过程。”

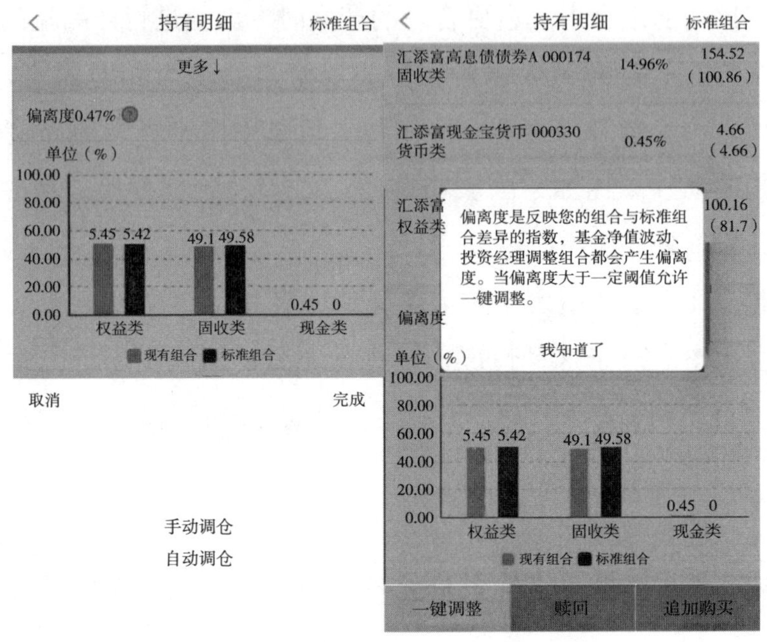

图7　添富智投调仓选项示意图

确然，目前智能投顾市场上的大部分投资者并非专业人士，他们中很多人只是抱着短期投机和试一试的心态购买智能投顾产品，这就需要专业机构的引导和教育。

一方面，为投资者提供明确的、一站式的服务，是让其坚持长期投资的重要路径。在中国，缺少相对成熟稳定的投资环境，当投资者购买基金时，时常有上当受骗的担忧。而添富智投的措施便是，在线上平台向投资者充分展示具体的基金配置、各个决策结果、决策的时间节点、决策的主要原因等信息，让每个投资过程都有迹可循，获取投资者最大的信任。

另一方面，只有当用户实实在在获得超额回报时，他们才会进行长期投资。用户获得的收益越高、体验越好，其持有时间就会越长，机构管理的资产规模也会越大，从而实现双向互利，在客户与机构之间形成正循环。

六、两年“答卷”

自上线以来，添富智投已历经市场两年考验，业绩表现不俗。截至2019年9月底，添富智投的持有用户达1万人，持有总金额3.57亿元，累计交易金额逾10亿元。

遵循“低波动、稳增长”宗旨，即便在2018年下半年至2019年初大幅震荡的市场里，添富智投也有效降低了波动与控制回撤，大幅减少投资者损失。截至2019年9月底，五类组合的业绩均有效跑赢同期各组合的比较基准，总收益率保持在8%~11%之间，各组合月度超额收益率均超过50%。

表1　添富智投各组合上线以来业绩表现

名称	总收益率	年化收益率	年化波动率	夏普比率	信息比率	索提诺比率	最大回撤率	最大回撤期[①]	月度超额收益率
积极组合	10.67%	4.90%	15.34%	0.12	0.45	0.49	-24.25%	411	64.00%
基准	4.14%	1.93%	15.93%	-0.07	—	0.17	-26.01%	410	—
进取组合	10.58%	4.86%	12.87%	0.14	0.48	0.57	-20.03%	411	64.00%
基准	4.77%	2.22%	12.92%	-0.06	—	0.25	-20.88%	410	—
平衡组合	8.15%	3.77%	10.72%	0.07	0.33	0.54	-17.12%	411	60.00%
基准	5.03%	2.35%	9.89%	-0.07	—	0.34	-15.41%	410	—
稳健组合	9.22%	4.25%	8.68%	0.14	0.5	0.74	-13.49%	385	56.00%
基准	5.10%	2.37%	6.88%	-0.09	—	0.5	-9.91%	285	—
保守组合	8.13%	3.76%	6.30%	0.12	0.45	0.85	-9.67%	367	68.00%
基准	4.95%	2.31%	3.89%	-0.18	—	0.88	-4.49%	259	—

注：数据截至2019年9月底。

① 最大回撤期指上交所的交易日天数。

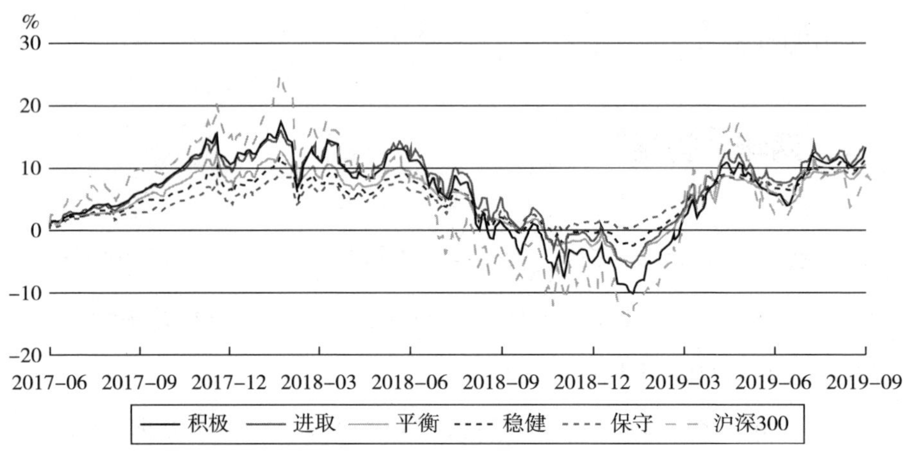

图8　添富智投各组合上线以来收益走势图

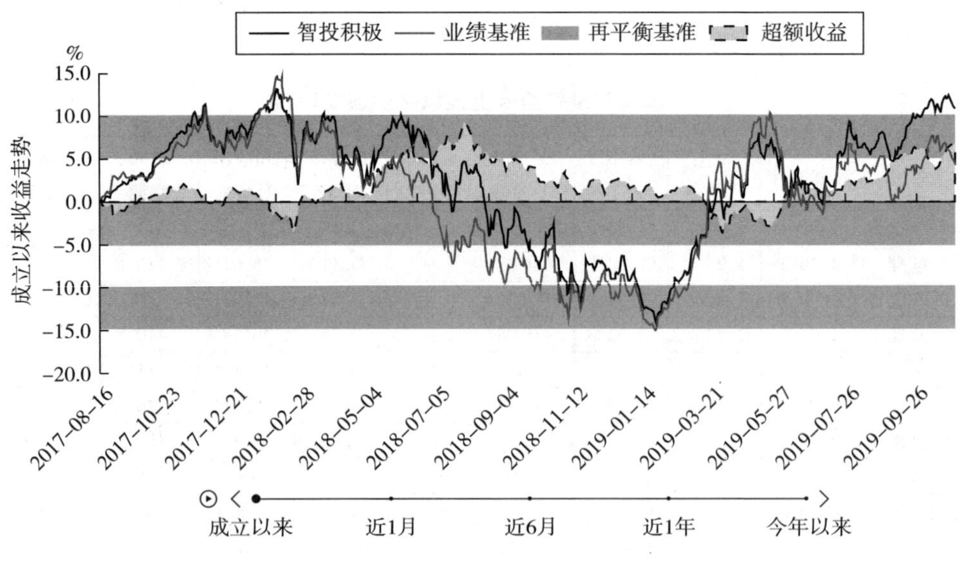

图9　积极型组合上线以来业绩表现图

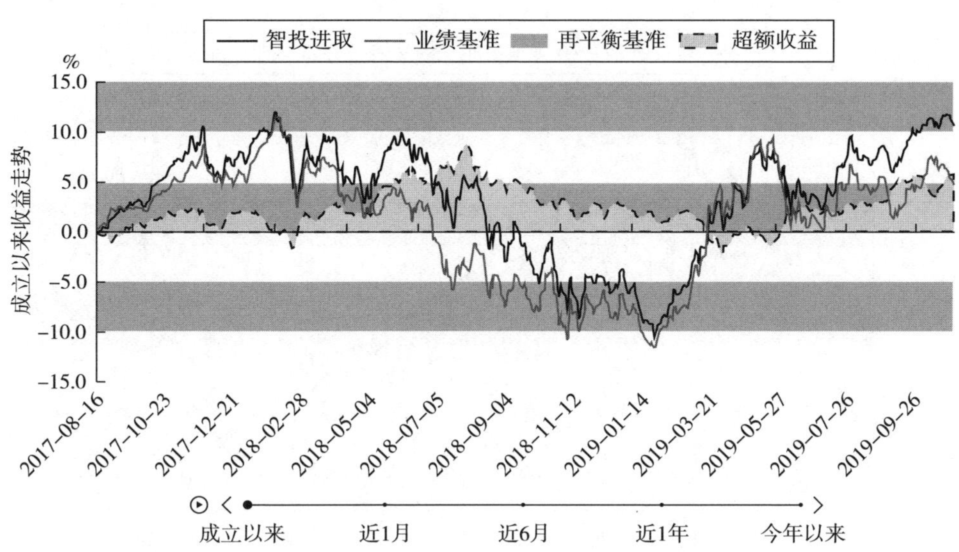

图 10　进取型组合上线以来业绩表现图

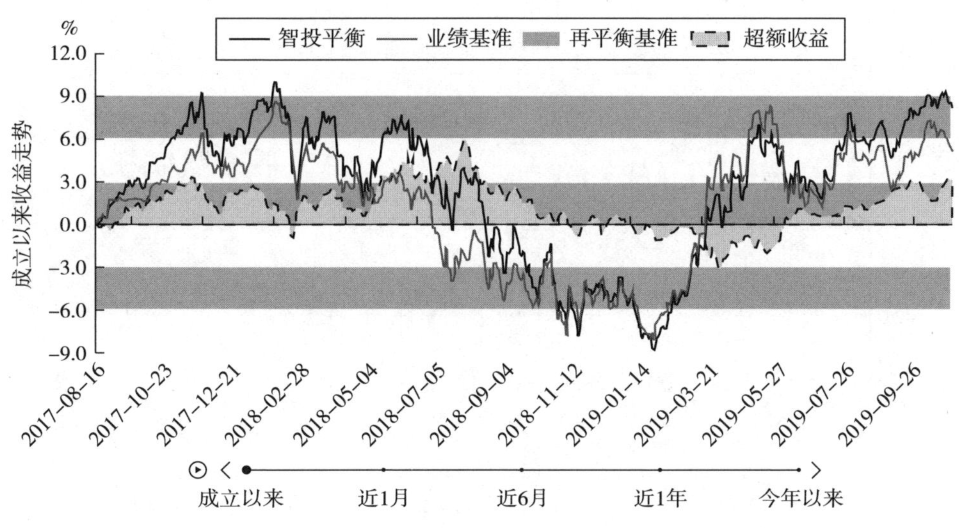

图 11　平衡型组合上线以来业绩表现图

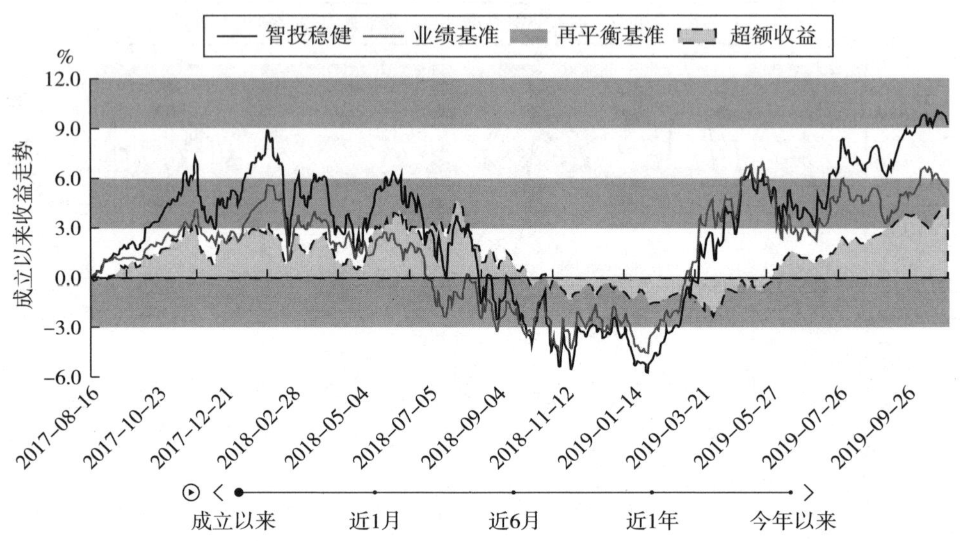

图 12　稳健型组合上线以来业绩表现图

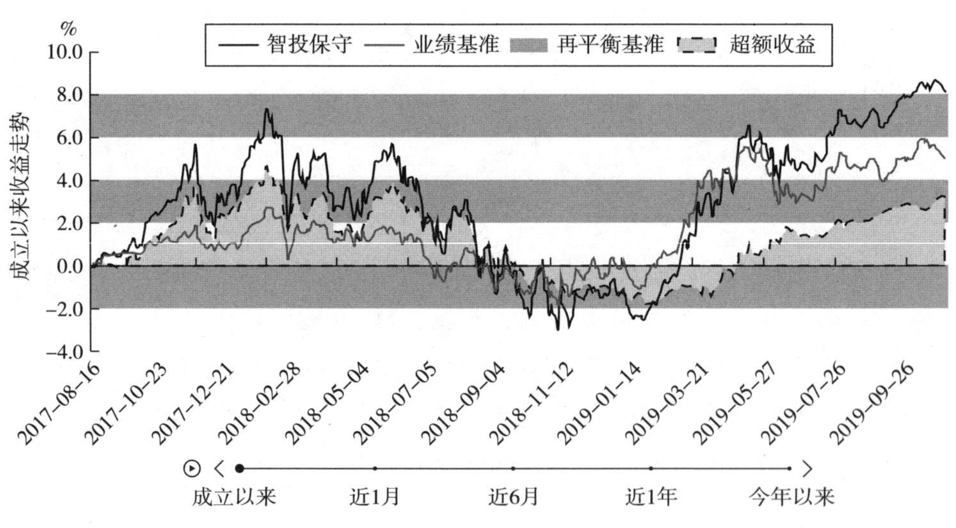

图 13　保守型组合上线以来业绩表现图

添富智投业绩表现良好的背后，离不开团队强大的风险控制能力和敏锐的市场洞察力。2019 年以来，以消费、医药为代表的稳定成长类资产在业绩增长方面的表现优良，5G 产业链中部分高景气度的细分子行业的成长计划前景可期，添富智投十分看好。因此，添富智投各资产组合在当年9 月发生过一次调仓，主要从配置比例再平衡和优化组合持仓结构进行调整。

具体调仓情况如下：

积极组合 9 月调仓

< 调仓记录

当前持仓基金	调仓前占比	调仓后占比
汇添富民营活力混合 470009 | 混合型	10.43%	10.00%
汇添富创新医药混合 006113 | 混合型	5.53%	15.00%
添富盈润混合C 004947 | 混合型	0.00%	10.00%
汇添富消费升级混合 006408 | 混合型	0.00%	15.00%
汇添富移动互联股票 000697 | 股票型	0.00%	10.00%
汇添富价值精选混合 519069 | 混合型	15.16%	10.00%
汇添富高息债债券A 000174 | 债券型	9.33%	10.00%
汇添富社会责任混合 470028 | 混合型	20.39%	20.00%
调出基金 ⓘ	**调仓前占比**	**调仓后占比**
汇添富双利债券C 000692 | 债券型	4.79%	0.00%
汇添富美丽30混合 000173 | 混合型	9.95%	0.00%
添富AAA级信用纯债A 006884 | 债券型	9.31%	0.00%
汇添富消费行业混合 000083 | 混合型	5.23%	0.00%
汇添富高端制造股票 001725 | 股票型	9.88%	0.00%

进取组合 9 月调仓

< 调仓记录

当前持仓基金	调仓前占比	调仓后占比
汇添富价值精选混合 519069 | 混合型	10.31%	10.00%
汇添富高息债债券A 000174 | 债券型	14.28%	10.00%
添富AAA级信用纯债A 006884 | 债券型	14.27%	20.00%
汇添富社会责任混合 470028 | 混合型	15.61%	20.00%
汇添富创新医药混合 006113 | 混合型	5.66%	10.00%
添富盈润混合C 004947 | 混合型	0.00%	10.00%
汇添富消费升级混合 006408 | 混合型	0.00%	10.00%
汇添富移动互联股票 000697 | 股票型	0.00%	10.00%
调出基金 ⓘ	**调仓前占比**	**调仓后占比**
汇添富双利债券C 000692 | 债券型	4.89%	0.00%
汇添富美丽30混合 000173 | 混合型	10.16%	0.00%
汇添富新睿精选混合A 001816 | 混合型	9.40%	0.00%
汇添富消费行业混合 000083 | 混合型	5.34%	0.00%
汇添富高端制造股票 001725 | 股票型	10.08%	0.00%

平衡组合 9 月调仓

< 调仓记录

当前持仓基金	调仓前占比	调仓后占比
汇添富价值精选混合 519069 | 混合型	10.47%	10.00%
汇添富高息债债券A 000174 | 债券型	19.34%	15.00%
添富AAA级信用纯债A 006884 | 债券型	14.49%	25.00%
汇添富社会责任混合 470028 | 混合型	15.85%	20.00%
添富盈润混合C 004947 | 混合型	0.00%	10.00%
汇添富创新医药混合 006113 | 混合型	0.00%	10.00%
汇添富移动互联股票 000697 | 股票型	0.00%	10.00%
调出基金 ⓘ	**调仓前占比**	**调仓后占比**
汇添富双利债券C 000692 | 债券型	4.97%	0.00%
汇添富美丽30混合 000173 | 混合型	10.32%	0.00%
汇添富新睿精选混合A 001816 | 混合型	14.32%	0.00%
汇添富高端制造股票 001725 | 股票型	10.24%	0.00%

稳定组合 9 月调仓

调仓记录

当前持仓基金	调仓前占比	调仓后占比
汇添富高息债债券A 000174 | 债券型	19.40%	30.00%
添富AAA级信用纯债A 006884 | 债券型	14.53%	10.00%
汇添富新睿精选混合A 001816 | 混合型	9.58%	15.00%
汇添富社会责任混合 470028 | 混合型	21.21%	25.00%
添富盈润混合C 004947 | 混合型	0.00%	10.00%
汇添富移动互联股票 000697 | 股票型	0.00%	5.00%
汇添富创新医药混合 006113 | 混合型	0.00%	5.00%
调出基金	**调仓前占比**	**调仓后占比**
汇添富双利债券C 000692 | 债券型	9.96%	0.00%
汇添富美丽30混合 000173 | 混合型	5.18%	0.00%
汇添富价值精选混合 519069 | 混合型	10.51%	0.00%
汇添富安心中国债券A 000395 | 债券型	9.63%	0.00%

保守组合 9 月调仓

调仓记录

当前持仓基金	调仓前占比	调仓后占比
汇添富双利债券C 000692 | 债券型	5.08%	15.00%
汇添富社会责任混合 470028 | 混合型	10.81%	10.00%
汇添富高息债债券A 000174 | 债券型	24.71%	30.00%
汇添富新睿精选混合A 001816 | 混合型	14.63%	15.00%
汇添富民丰回报混合C 004271 | 混合型	0.00%	25.00%
汇添富移动互联股票 000697 | 股票型	0.00%	5.00%
调出基金	**调仓前占比**	**调仓后占比**
汇添富价值精选混合 519069 | 混合型	5.37%	0.00%
汇添富安心中国债券A 000395 | 债券型	14.72%	0.00%
添富AAA级信用纯债A 006884 | 债券型	24.68%	0.00%

图 14　添富智投各组合 2019 年 9 月具体调仓情况

截至 2019 年 9 月底，添富智投五类组合的历史调仓情况如表 2 所示：

表 2　　五类组合历史调仓次数

	积极组合	进取组合	平衡组合	稳健组合	保守组合
历史调仓次数	12	11	11	12	9

添富智投上线后不久，入选《证券时报》主办的“2017 中国智能投顾新锐榜”，同时入选的还有招商银行的摩羯智投；2018 年 8 月，获得由上海市政府颁发的“2017 年度上海金融创新奖”。

调仓日期
2019-09-16
2019-05-28
2018-12-21
2018-12-11
2018-07-23
2018-04-20
2018-02-09
2018-01-09
2017-11-07
2017-08-16
2017-07-12

图 15　平衡型组合历史调仓时间

添富智投上线后，汇添富也将这种智能应用在其他创新场景中，如基于生命周期资产配置策略的“添富养老”、纯权益配置的“添富策略”等，在有效降低运营成本的同时，扩大了智能投顾服务的覆盖面。

七、结语

智能投顾起源于美国，经过十余年打磨，美国的智能投顾市场已取得突破性发展，市场规模大、数据完善、监管相对规范、投资者教育较为成功。

目前，中国的智能投顾市场也在快速发展过程中，各大金融机构相继推出智能投顾服务，如招商银行的摩羯智投、工商银行的 AI 投、建设银行的龙智投、中国银行的中银智投、平安银行的平安智投、汇添富的添富智投、华夏基金的查理智投、广发证券的贝塔牛、京东数科的京东智投等，各大银行、券商、互联网巨头的智能投顾产品前赴后继地涌入市场。

随着中国经济的稳步增长，老百姓参与分享经济增长红利的愿望愈加强烈。与储蓄等难以令老百姓获得超额回报的传统模式相比，资本市场更能满足老百姓的现实需求。因此，中国的智能投顾市场发展潜力巨大。

中国的金融科技发展迅速，不管是添富智投，还是其他金融机构推出的智能投顾服务，仍有较大的发展空间。

未来，添富智投将打造成为面向个人投资者的工具化品牌。在提供场景化组合产品的同时，也为客户提供各种智能化投资辅助工具，投资者教育工具，记账、日常现金流处理等日常生活工具。通过添富智投平台，客户不仅能进行投资，还能在此平台上获取宏观环境和市场分析，以此作为个人投资的参考和选择依据。

第四范式：

新一代智能供应链金融科技服务的先行者

2017 年底，金融科技已经广泛应用于零售金融领域，特别是在支付和信贷领域应用已经相对成熟，但是，在对公的小微企业方面，金融科技辅助金融机构触达小微企业长尾客群还处于初级阶段。而曾经作为小微金融发展的有效模式之一的线下供应链金融，也遇到了发展瓶颈，虚假舱单、萝卜章现象频现，风险高企，此外，传统供应链金融目前只能覆盖核心企业上下游一级客户，对真正的长尾小微企业，作用并不明显，传统供应链金融遭遇发展困境。

彼时，第四范式基于先进的 AI 技术，以大数据、人工智能技术为核心，采用全流程智能业务融合服务和全线上实时操作，历经半年的努力，创新了国内首个“1 + N + N”的智能供应链金融科技服务平台，为供应链上小微企业客群搭建融资桥梁，给科技辅助金融机构服务长尾小微企业开辟了新的途径。

“小微企业单笔放款额度最低可至 30 元。”

“供应链平台上下游小微企业日均订单融资处理数量高达10万笔，单日订单处理最大规模超过50万笔。”

“不足一年的时间里，累计放款规模超过20亿元。”

“目前已经可以辐射核心企业上下游两个层级的小微型企业，累计小微企业客户数超过2万家。”

以上这些数据均属于第四范式新一代智能供应链金融科技服务平台1年实践的成果。线上供应链平台上的小微企业，只需要通过简单的小程序入口，不要复杂的手续，就能快速地在平台上申请贷款，并且贷款期限可以根据订单进行调整，随时还款，降低小微企业获得贷款的时间和成本。

基于先进的AI技术基础，第四范式新一代智能供应链金融科技服务平台在这一年交上了令人满意的答卷。但是，服务小微企业是一趟艰难的旅程，如何能够合法、合规地获取、使用数据？如何精准地筛选接入的平台？如何才能更好满足客户诉求，提升客户体验？如何才能有效降低风险？这些将是摆在第四范式面前需要逐一解决的难题。

一、供应链金融艰辛曲折20年

回顾供应链金融的发展历程，不足20年的时间，从2001年深发展银行（已被平安银行并购）的试水丰收，到2006年的爆发式增长，到2016年数十家银行开始压降规模，业务进入瓶颈期，及至2019年成为新风口，供应链金融经历了跌宕起伏逐渐蜕变成了一个茁壮的青年。

因需而生的供应链金融

小微企业数量大、活力强，对促进经济增长、扩大就业和增加居民收入贡献大，是推动我国经济发展的重要力量。小微企业大约创造了我国60%的国民生产总值（GDP）、贡献了50%的税收、解决了70%的城镇居民就业和80%的农民工就业、完成了65%的发明专利和80%的新产品开发。然而，受制于体量小、经营风险大、信息不透明等因素影响，工信部数据调查报告显示，33%的中型企业、39%的小型企业和41%的微型企业面临融资难题。

面对这一市场环境，供应链金融应运而生。供应链金融是指围绕核心企业，以真实贸易为前提，通过应收账款融资、订单融资、预付款融资、存货质押融资等专业手段，封闭资金流或控制物权，对供应链上下游企业，特别是中小企业提供的综合性金融产品和服务。2001年，深圳发展银行在广州和佛山两家分行开始试点存货融资业务，年底授信余额即达到20亿元人民币。之后，经过5年的实验，从试点到全系统推广，于2006年在国内银行业率先推出“供应链金融”品牌。

规模迅速增长，成为金融宠儿

深圳发展银行的试水体现出了供应链金融巨大的市场潜力和良好的风险控制效果，国内多家商业银行开始纷纷效仿，“供应链融资”“贸易融资”“物流融资”等名异实同的服务开始出现。特别是到了2008年，严峻的经济形势带来企业经营环境及业绩的不断恶化，国内外商业银行开始实行信贷紧缩，但供应链融资在这一背景下却呈现出逆势而上的态势。同时，随着外资银行在国内业务的发展，渣打银行、汇丰银行等传统贸易融资见长的商业银行，也纷纷加入国内供应链金融市场的竞争行列，供应链金融迅速从初期的摸索阶段转入快速发展阶段，市场规模持续增长，从名不见经传成为金融宠儿。2011年供应链金融在发达国家的增长率为10%～30%，而在中国、印度等新兴经济体的增长率为20%～25%。2015年我国供应链金融市场规模已接近12万亿元。截至2017年我国供应链金融市场规模增长至13.08万亿元左右。

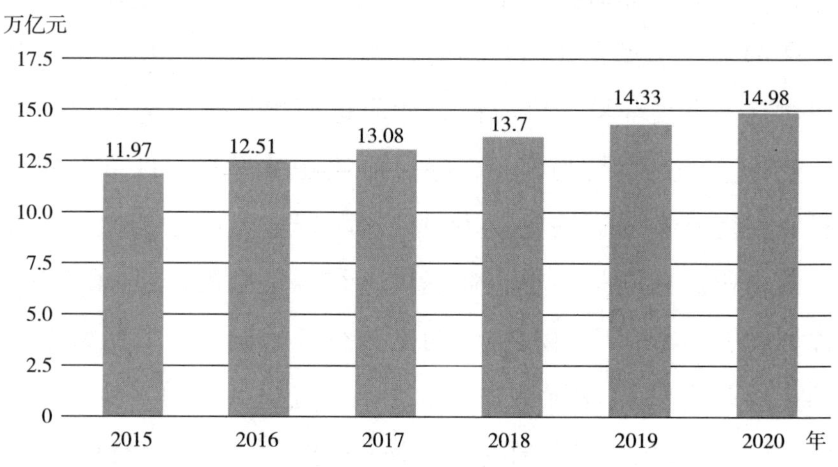

图1 2015—2020年中国供应链金融市场规模

（资料来源：前瞻产业研究院）

传统供应链金融陷入瓶颈

供应链金融在国内走过了十多年的发展历程，主要采用仓单质押应收账款保有模式，围绕核心企业的信用，使其上下游中小企业获得融资，解决了部分中小企业的资金问题。但是，该类模式下的供应链金融，是以核心企业为主的单层穿透，难以触达链上核心企业的二三级和以上的小微供应商，致使银行风控问题难以解决，从而陷入不敢贷的困境。即使是部分银行已经拥有在线的、智能的、数据驱动的、科技支撑的供应链金融的服务能力，但服务对象仍然局限于少数大型企业，包括央企、国企和一部分上市公司，还有一部分的应收款的一级供应商，而处于供应链长尾端多级包括二级以下的中小供应商和经销商，仍然无法享受到真正的供应链金融服务，供应链金融发展陷入瓶颈。

金融科技为供应链金融注入新“活水”

2017 年以来，随着金融科技的迅速发展，以人工智能、区块链、云计算和大数据为代表的金融科技正与传统供应链金融深度融合，为供应链金融发展注入新的能量，新一代的智能供应链金融平台开始崭露头角。新一代平台能够在企业授权的前提下深入挖掘接入平台的企业的交易信息，能够实现供应链核心企业的多级信用穿透，从而打造一个风控闭环生态。

例如，平台上某核心企业的下游供应商 A，每月供应 X 产品给核心企业，在进行产品生产时，由于资金不足，可以在平台上直接申请贷款来支付原材料采购款，智能供应链“AI + 金融”科技服务平台通过 AI 技术，在授权后获取该企业的交易信息，评估出该项贷款风险指标，金融机构通过指标分析后放款。该款项并不是放给贷款企业，而是直接作为采购款支付给原材料企业 B，当核心企业收到 X 产品时，将货款支付给 A 企业，此时若采用应收账款还款模式，平台将直接截留贷款的本金利息，实行还款计划。在整个流程中，利用核心企业信用的多级传导，实现资金闭环运作，有效降低风险，带动中小企业融资业务发展。

正因如此，第四范式基于其强大的 AI 技术，以“先知”平台为底层技术支撑，打造了智能驱动、业务融合、价值推动的产融服务生态体系，在供应链金融领域开启新的篇章。供应链金融从试探发展到多主体、多样化模式经营，从高速增长到陷入瓶颈，第四范式新一代智能供应链“AI + 金融”科技服务平台的出现恰逢其时，在传统供应链金融服务小微企业探索新途径之际，解锁了供应链金融新玩法，为赋能金融机构应用供应链金融模式服务小微企业提供了新思路。

二、10 年“厚积”　今日 AI“独角兽”

第四范式新一代智能供应链“AI + 金融”科技服务平台的成功，是一个在人工智能领域十余年坚持不懈探索和第四范式在金融领域的丰富经验积累的必然结果。

一个 AI 天才十年的不懈探索

◇天才少年的选择

2005 年，一个在上海交通大学就读的 22 岁少年带领他的三人小组，在第 29 届 ACM 大赛上夺得世界冠军，他就是第四范式创始人——戴文渊。ACM 国际大学生程序设计竞赛（ACM - ICPC 或 ICPC）是由美国计算机协会（ACM）主办的，被称为计算机界的奥林匹克大赛，号称汇集了全球智商最高的人。戴文渊不仅自己夺得冠军，还担任 ACM 竞赛教练指导学生多次获得亚洲冠军。

头顶世界冠军光环的戴文渊，在面临研究生阶段的研究方向选择时，却进入了当时“冷门”的人工智能方向。十多年前，正是人工智能发展的低潮期，很少有人会选择这个方向。当时，戴文渊远赴香港科技大学，遇到了自己的导师和创业的合伙人杨强教授。杨强教授是一个坚信并热爱人工智能的“狂人”，在人工智能研究领域深耕三十年，是国际公认的人工智能全球顶级学者，ACM 杰出科学家，两届 KDD Cup 冠军，在数据挖掘、人工智能、终身机器学习和智能规划等研究领域都有卓越的贡献，是迁移学习领域的奠基人和开拓者。戴文渊与杨强教授的相遇，开启了他对人工智能坚定的探索之路。

◇百度的成功实践

2009 年，历经 4 年的深入研究之后，戴文渊再一次不按常理出牌，已在顶级学术会议发表多篇论文，具有光明学术前景的他毅然放弃博士学位，转入工业界加入百度公司。戴文渊曾对此解释道："在人工智能的研究路上，必须要通过海量的数据不断验证自己的算法是否正确，当时在国内，只有百度能够满足我的需求。"

入职百度后，戴文渊继续深入钻研。他与当时在百度实习，现第四范式联合创始人、首席研究科学家陈雨强一起，成功升级了百度"凤巢"广告系统。当时的百度广告系统只有由人工制定的大概 1 万条策略，从整体运行来看，整个广告的收入还在稳步增长，但是背后的技术上却遭遇了瓶颈，如何提高效率成为最大难题。为了解决这一难题，寻找新的收入增长点，百度凤巢组建了数个创新小团队，而戴文渊正是在其中的 AI 小组。随后的一段日子里，在博弈论小组、大数据小组等其他小组还在不断探索时，戴文渊与几位实习生组成的 AI 小组取得了巨大的成绩，利用机器学习技术，让机器在很短的时间里轻松写到 1000 万条策略，在制定更精细广告投放规则的同时，相对人工的效率提升了 1000 倍，带来的收入较以往平均水平提升了 40% 。

到 2013 年，仅仅 4 年，百度凤巢已经从 1 万条策略发展到拥有 1000 亿条规则，而戴文渊也从 AI 小组负责人成为一位带领数百名研发人员的 T10 科学家。戴文渊用数据证实了 AI 的能力和价值，在运用

2009年和2013年的凤巢系统去跑同样的数据的实践中，基于AI技术的2013年凤巢系统效果提升了8倍，由此戴文渊团队获得了当年的百度最高奖，成为百度内部当之无愧的“戴神”。

◇开启TOB企业服务

然而，在百度成功用AI改造凤巢系统后，拥有良好职业前途的他再次做出出人意料的选择，离开百度。在后来被问到离职原因时，戴文渊表明，因为他认为他的标签应该是人工智能，在百度，他只能把人工智能落地化到广告这一个场景，而这与他想将人工智能深入到更多领域的初衷不符。离开百度后，戴文渊去香港加盟了华为，成为诺亚方舟实验室主任科学家，开启人工智能TO B的企业服务，用企业服务的方式做AI，为客户提供AI解决方案，让AI帮助不同企业获得效益和效率的提升。

只是，在华为也并没能全面实现戴文渊的AI梦想。戴文渊发现，华为在人工智能技术服务方面只能局限在关联的领域内，对其他领域数据服务并不太重视。而他无法满足于让AI服务仅仅局限于为一家或几家企业，他认为AI应该遍地开花，他希望找到一家能够服务各行各业的公司。于是，2014年，戴文渊离开华为，踏上新的征程。

◇为理想而生的“第四范式”

2014年是一个互联网金融遍地开花，O2O引领创业投资风口的一年，人工智能仍然是一个默默无闻的领域，离开华为的戴文渊在2014年9月与他在香港科技大学的导师杨强教授，前百度同事、后来开发了今日头条推荐系统的陈雨强以及其他前百度同事胡时伟、田枫等一起创立了第四范式。

为什么叫第四范式呢？很多人问过戴文渊这个问题。事实上，第四范式的命名来源于一位图灵奖得主对“第四范式”的定义，更来源于与各位创始人对于企业使命的设定。2007 年 1 月 28 日，数据天才、图灵奖得主 Jim Gray 独自乘船出海失踪，一份珍贵的文稿——《第四范式：数据密集型科学发现》面世。在这份文稿中，Jim Gray 定义了人类科学发展的四个范式：数千年前，以记录和描述自然现象的行为为主的“实验科学”阶段，即第一范式，典型案例如钻木取火；数百年前，利用模型归纳总结过去记录的现象发展出的“理论科学”，即第二范式，典型案例如牛顿三定律、麦克斯韦方程组等；数十年前，计算机诞生开启了“计算科学”的大门，即第三范式，典型案例如模拟核试验、天气预报等。而随着数据量的增长，从模拟实验到实现智能的研究方式则被称为第四范式。在 Jim Gray 的定义中，第四范式的本质就是利用机器对数据进行理解和分析，最终实现智能。一致的初衷、实现智能服务的终极目标让第四范式的几位创始人一致将企业命名为“第四范式”。这个寓意深远的名字在此刻就已经注定了戴文渊和范式创业者们的未来之路。

始于金融的“先知”平台奠定了基础

第四范式承担着戴文渊让人工智能服务企业的理想，但是从哪里开始成为首先要考虑的问题。此时，2014—2015 年的中国金融市场，互联网金融异军突起，凭借其优异的客户体验、较低的门槛以及适当的创新，充分释放了人们的金融需求，给传统银行业带来了不小的冲击。

《中国银行家调查报告（2014）》显示，43.3% 的银行家认为互联网金融在很大程度上改变了商业银行的经营理念和经营模式，8.5% 的银行家甚至认为互联网金融对传统银行有颠覆性的影响。为了应对这一状况，电子银行渠道成为首选，然而商业银行却不得不面对创新所要面临的信息技术风险，特别是反欺诈系统效率低下给商业银行创新带来阻碍。

在此背景下，第四范式这个不足十人的创业团队经过充分分析、讨论，最终将目标瞄准金融业。金融行业从数据质量、数据管理能力、IT 升级的驱动力来说，在各行业里都是走在前列的。其中，银行业在金融业中的标杆作用更为明显，只要能在工商银行、招商银行等全球领先的金融机构的业务中应用，金融市场的大门也就随之打开了。

深入行业调研后，戴文渊发现，银行与百度有着明显的区别，百度只要一个凤巢系统就能提升效率，而银行的业务环节更复杂，需要提升的环节可能是几千个，要提升效率则需要让银行自己的员工掌握如何使用 AI，而这就需要搭建一个 AI 平台，做出一个让外行人能够使用的 AI。于是，第四范式的小团队开始整合创新，经过 1 年半的时间，2016 年 7 月 20 日，第四范式商用“先知”平台诞生。“先知 1.0”平台可以处理 PB 级的数据量，能够自动化、智能化地实现机器学习全流程——支持参数自动化的算法，降低了人工参与的特征工程和模型训练过程，提供自动或半自动的特征工程、模型选择调参工具，从而降低了企业对数据科学家的依赖。

为了测试“先知”平台的效果，戴文渊先在自己的公司进行了内部测试：他选取了非技术类岗位人员，如行政、人力、市场甚至是前台，使其在接受一定指导的前提下，根据先知产品手册设置出一个类似于今日头条推荐系统的 AI 工具。结果出人意料，70% 的同事建模 AUC（注：AUC 是衡量模型效果的专业指标，取值在 0 到 1 之间）成绩超过0.8，可以与从业多年的资深数据科学家媲美。这就是“先知”平台的价值，让非技术人员可以用“先知”平台为自己的工作设计AI应用。

内部测试的成功更加坚定了第四范式的信心，2016年11月，第四范式依靠“先知”平台吸引来新的合作者——光大银行，二者共同成立了国内首个“AI+金融”实验室，在信用卡业务领域实现人工智能应用推广。

今日的AI独角兽企业

随着“先知”平台的不断完善与升级，合作机构逐渐增多。2017年10月8日，第四范式“先知”中标广发银行AI平台，为其搭建人工智能机器学习平台；2017年11月27日，民生银行选择第四范式“先知”平台共同构建智能银行支撑系统。到2017年12月，当全新升级的“第四范式先知”3.0产品在乌镇互联网大会亮相后，第四范式的底层AI平台技术达到一个新高度，为其在金融领域的赛道上发展奠定了基础。后面，第四范式也服务了包括“宇宙行”工商银行在内的国内头部银行，目前其在银行业的头部客户占有率已超过70%。

四年时间，第四范式从一个仅有几个人创业的小团队，成长为我国AI领域中的明星，成为国内为数不多的AI独角兽中唯一的人工智能平台提供商。在此期间，第四范式得到多家大型企业和知名风投公司的投资。根据公开信息，创业初期，第四范式就获得了来自创新工场、红杉资本等明星投资机构的投资；到2018年12月19日，“第四范式”完成C轮融资，融资金额超过10亿元，公司估值约12亿美元。

来自合作方的帮助：智能供应链“AI＋金融”构思成型

早在2017年下半年，借助“先知”平台，在与商业银行的合作不断深入的过程中，第四范式发现商业银行在普惠金融方面存在明显的需求：即随着互联网与大数据在金融领域的不断渗透，商业银行在零售业务方面的普惠金融逐渐成熟，各种信用贷、消费分期、信用卡服务使个人消费贷款变得容易。但是在对公业务方面，商业银行仍然具有明显的服务高度集中化现象。例如，央企、大型国企、上市公司或行业龙头企业获得金融服务非常容易。与之相反，广大的中小企业，特别是微型企业获得金融服务却极为困难。

面对这一现象，第四范式不禁思考：AI究竟能在帮助银行实现普惠金融的过程中做点什么？经过与业内人士不断交流探讨和分析发现，小微企业融资难的原因有两个方面：一是银行不敢贷、不愿贷，二是小微企业不愿贷。为什么说银行不敢贷、不愿贷呢，因为小微企业规模小、经营风险高，且缺乏规范的财务数据，商业银行很难评估其风险；即使能够有效评估风险，小微企业贷款额度低，从几千元到数十万元的资金需求都有，多数都是几万元到十几万元的短期用款，银行经过多个环节审查风险，最终贷款几万元，管理成本较高，因此不愿贷。从小微企业一方来说，仅仅是几万元到十几万元的用款需求，只用几天或几个月，却要经历各种手续、各类审批环节，极其麻烦，因此宁愿忍受高利息的民间借贷，也不愿去银行贷款。

这个事实已经不是一个简单的AI技术能够解决的问题了，那么AI到底能做什么？怎么做才能应用AI技术解决小微企业融资难的问题呢？第四范式在供应链金融领域还只是个“新手”，需要寻找外援共同合作。

那么到底找谁呢？第四范式首选与之合作或关系较好且具备较强创新精神的银行。此时，正与之接洽的中关村银行进入视线，它是成立于2017年6月6日的北京首家民营银行，号称是“创业者的银行”，其目标是推动创业创新和产品升级，具有良好的创新精神。随后，第四范式与中关村银行的领导及专家进行了频繁的会面和深入的交流探讨。

就在第四范式与中关村银行讨论得如火如荼的时候，2017年10月5日，国务院办公厅发布《国务院办公厅关于积极推进供应链创新与应用的指导意见》，重点提出，鼓励商业银行、供应链核心企业等建立供应链金融服务平台，为供应链上下游中小微企业提供高效便捷的融资渠道。供应链作为解决小微企业融资难题的重要途径再次成为风口。

这一政策的发布恰如一路春风，吹尽遮眼的云，供应链金融展露在眼前。供应链金融能够通过核心企业与上下游小微企业的供应交易，全面、可靠、及时地获取小微企业的经营信息，有效降低金融机构与小微企业之间的信息不对称，增强金融机构对小微企业融资服务的积极性。AI能够迅速整合信息，降低审批复杂性，提升风控能力，从而提升服务效率和客户体验。二者结合恰好能解决银行不敢贷、小微企业不愿贷的难题。于是在基于国家提出的鼓励应用供应链金融服务中小微企业的大背景下，中关村银行的专家建议以供应链作为切入点，加上第四范式的团队曾经在供应链金融方面做过尝试，再结合自身的AI技术特点，构建智能供应链“AI+金融”平台这一构思顺利成型。

“AI+供应链金融”服务平台的诞生与发展

构思成型时已是2017年年尾，新年的到来只带来了时间的节点，而第四范式对“AI + 供应链金融”的研究却是一股洪流，连续不断。2018 年刚刚过完元旦假期，第四范式的办公大楼里已经展开围绕“AI + 供应链金融”的构思讨论，相关人员的热切程度远远超过新年的热度。经过近两个月的讨论，方案终于定型。于是在 2018 年 3 月，第四范式开始构建智能供应链“AI + 金融”服务平台创新小组。

经过两个多月的努力，2018 年 5 月，新一代智能供应链“AI + 金融”科技服务平台开始进行内部测试，首笔业务来源于快消品行业。当时，测试团队选择了某快消品企业的几家上下游企业进行测试，测试过程极为顺利，整个流程顺畅无阻，风控数据能够快速反应，从而满足银行的风控需求。2018 年 6 月 20 日，第四范式举办新一代智能供应链“AI + 金融”科技服务平台发布会，与中关村银行现场签约达成战略合作协议，新一代智能供应链“AI + 金融”科技服务平台正式诞生。

平台的战略发布是智能线上供应链金融业务从试点运行阶段转变成适用性阶段的转折点，进入了所谓的发展期。在这一阶段，第四范式新一代智能供应链“AI + 金融”平台做了两件事：一是继续在快消品平台上进行客户拓展，二是对接入的供应链平台进行扩展。2018 年的 7 月，第四范式又选择了 3 家不同行业的线上供应链平台进行接入，来测试新一代智能供应链“AI + 金融”平台在其他领域的适用性。经过三个月的试运行，四个行业的供应链平台都能在 AI 技术支持下为小微企业提供优质的金融服务。于是，在 2018 年 10 月 30 日，新一代智能供应链“AI + 金融”平台开始从业务申请变成了成熟的流程化规模化平台，实现业务的全面开放。

三、“1 +1 +1 +1 to N”的商业模式

新一代智能供应链“AI + 金融”科技服务平台的生态形式

传统的供应链金融业务模式主要包括三种，分别为应收账款融资模式、保兑仓融资模式以及融通仓融资模式，均采用线下模式。该类模式下的供应链金融很难形成信息闭环，业务风险相对较高，特别是道德风险和操作风险难以控制。与之相比，第四范式新一代智能供应链“AI + 金融”科技服务平台能够运用 AI 技术，对供应链数据、企业数据、市场数据以及银行数据进行深度分析与实时计算监测，使银行及时获取企业资金需求，并精准认知企业经营能力与风险状态，形成信息闭环。

◇“1 +1 +1 to N”的业务架构

第四范式新一代智能供应链“AI + 金融”科技服务平台采用“1 + 1 +1 to N”的业务架构，第一个“1”是指供应链核心企业，是供应链上信息流、物流、资金流和商流数据的中心；第二个“1”是指以供应链为场景的金融科技企业，即第四范式，依托于人工智能技术平台机器学习、深度学习、知识图谱等人工智能技术的支撑，实时掌握中小微企业的“四流”数据，并协助金融机构建立多维度的授信准入规则；第三个“1”是指金融机构，供应链金融中的真正的金融服务者，具有最终的授信决策权；“N”是指供应链“AI + 金融”技术平台上核心企业上下游的无数中小微企业，是整个金融服务中的融资人。其中，第四范式这个“1”作为 AI 技术与服务的提供商，实际上是联通供应链

体系与金融机构的纽带，这一纽带并不是简单地进行双方的交易撮合，而是以供应链实时动态交易为核心，AI技术为驱动，将金融服务完美融合到供应链交易管理的各个环节中，与企业的生产经营管理深度结合，让供应链上的中小企业简单、顺畅地享受到金融服务；同时通过金融服务，将人工智能技术融合于供应链企业运营管理的每个环节，推动企业全面智能化。

◇数据驱动精准赋能智能服务

第四范式新一代智能供应链金融科技平台以大数据、人工智能技术为核心，具有全流程智能业务融合服务、全线上实时操作、全维度覆盖用户金融服务需求、精准高效等特点。一方面通过供应链核心企业、与金融机构的合作为核心企业以及上下游中小微企业提供灵活高效、开放融合、风险可控的金融赋能，另一方面应用第四范式成熟AI能力为企业和金融机构提供敏捷高效的AI技术赋能。

- 用户体验：将金融服务融合到供应链交易管理过程中，与企业的生产经营管理深度结合，提升用户体验，让中小企业简单、顺畅地享受到金融服务；同时通过金融服务，将人工智能技术融合于供应链企业和金融机构运营管理的每个环节，推动企业转型升级。
- 业务模式：基于第四范式领先的人工智能技术，平台对供业链数据、企业数据、市场数据以及银行数据能够进行深度分析，实现交易信用动态授信，针对上下游企业授信额度不占用核心企业授信额度。
- 风险和成本控制：按需随时申请、实时放款、随借随还，避免形成资金沉淀而产生风险，在提升企业资金流动性的同时有效降低企业资金成本。

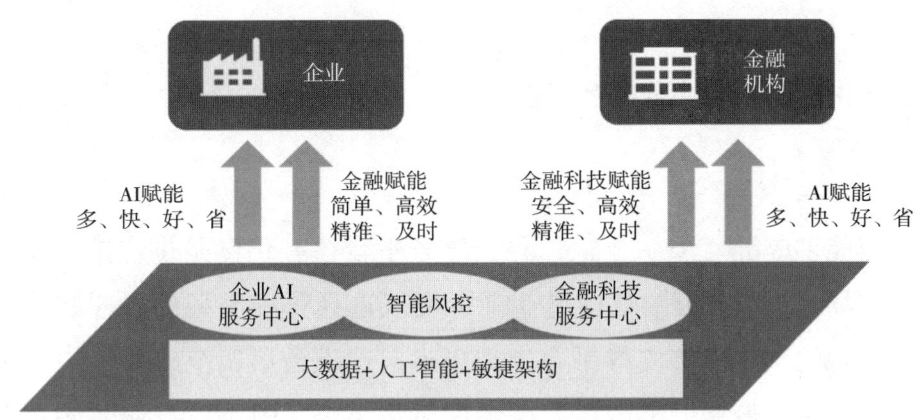

图2　“AI + 金融”双轮赋能

◇智能风控体系保驾护航

在线下供应链金融模式中，银行的核心企业拥有大量的交易数据，银行可以根据核心企业数据去筛选上下游小微企业。但是，在对上下游小微企业进行尽调过程中，小微企业的数据就很难把控了。而在线上，接入新一代智能供应链“AI + 金融”科技服务平台的核心企业及小微企业相互间的交易数据会在平台上留存记录，当企业授权后，平台就可以获得完整的数据进行指标分析，为银行提供可用的数据服务。具体来说，新一代智能供应链“AI + 金融”科技服务平台采用如回归、聚类、二分类、多分类等超高维机器学习算法，将企业数据进行系统梳理，总结出宏观 + 微观的高维特征，快速建立多维度的授信准入规则，从而可以依据接入平台的每一个企业订单、库存、物流等运营交易数据对企业进行分析预测，制定动态的授信额度。此外，在企业准入后自动纳入实时贷中风控及智能贷后管理系统，进行贷中监控以及智能贷后管理，实现中小微企业全流程的供应链业务金融信贷服务管理。

与供应链核心企业的合作模式

◇ 供应链核心企业“1”的选择

智能供应链“AI + 金融”科技服务平台核心仍然是供应链，那么面对市场上千千万万的供应链企业，应该选择哪种类型的供应链才是适合平台的，才能够支撑平台走得更远，这成为第四范式要考虑的关键问题之一。最初，第四范式也考虑过将央企、国企或行业龙头企业作为合作对象，向上下游小微企业辐射。但是，通过考察以后发现，这类大型企业的一级供应商本身规模较大，资质相对良好，在金融服务获取方面也更加容易，金融科技辅助效果并不明显。因此，第四范式将目光放在新型供应链金融平台上，并制定了几个选择标准：第一，该企业要有一个比较开放的线上供应链系统，以方便后续的全线上对接；第二，该平台要有一定的数据积累，只有拥有一定的数据积累，才能利用AI技术做高维数据分析，从而有效管理风险；第三，核心企业一定要有发展诉求，能够长期保持冲击之势。最终，第四范式选择了在线旅游、在线汽配、快消B2B、高速通行（货车）、新能源出行、机票B2B、电商、钢材建材等几大行业拥有在线供应链平台的企业作为合作伙伴。

◇ 与核心企业的合作模式

传统的供应链核心企业主要采用人工实施物流管理，生产、运输、仓储等多个环节都需要人员紧密关注，不仅成本高，而且可能因为人为疏忽等原因错失商机。引入智能供应链“AI + 金融”科技服务平台后，第四范式将应用人工智能、大数据等技术，将其仓储、物流、销售全面联动起来，并根据往期数据形成预测规则，从而更加高效地帮助企业做好生产、库存、销售预测，大大提升企业的管理效率。

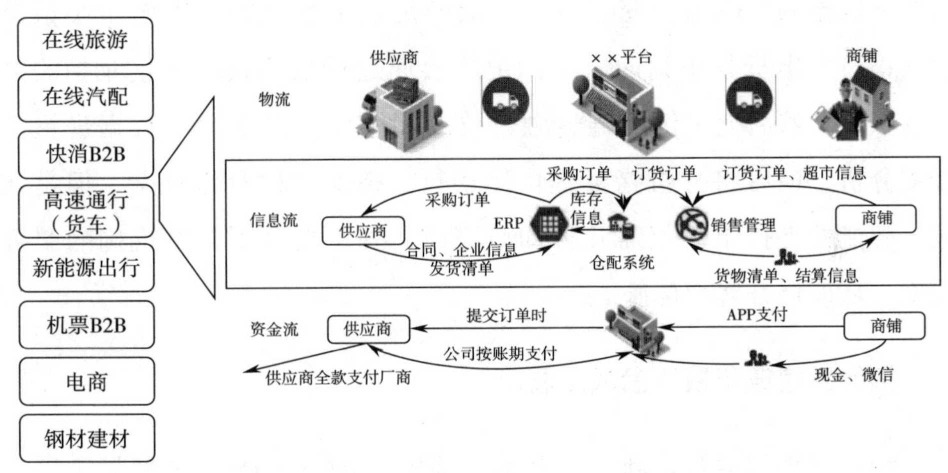

图 3　“AI + 金融”服务供应链资产端情况

例如，第四范式智能供应链科技服务平台与某大型跨国零售集团合作构建了完整的数据治理与 AI 决策平台，帮助该集团实现从门店管理到上下游供应链的线上智能推荐、销量预测、智能选品、智能选址等场景全面智能化转型。促使该集团每个门店的外卖销量预测中，预测的平均绝对百分比误差控制在 18%。

与资金端的合作模式

目前，新一代智能供应链“AI + 金融”科技服务平台的资金方主要是具有创新精神的银行。在合作过程中，第四范式主要为金融机构提供两个层面的金融服务。第一个层面是帮助金融机构做客户信息尽调。银行传统的尽调方式是通过企业财务数据、资金流数据来判断企业的运营情况，从而评估授信额度与风险等级。智能供应链“AI + 金融”科技服务平台介入后，采用人工智能和大数据技术，对企业历史交易数据进行深入分析，最终形成尽调报告提供给银行，为银行的依托财务数据的尽调做补充。第二个层面是当平台上的上下游中小微企业向银行发出贷款申请时，第四范式会通过授权，获取该企业相关的交易数据，然后通过供应链金融科技专用敏捷开发平台对数据进行多维度分析，最后将分析指标提供给银行。整个过程看似复杂，但是在人工智能的支持下，仅需几秒即可完成，真正提升了金融机构的服务效率，从而提升客户体验。

智能供应链科技平台成果展示

经过一年的运营，新一代智能供应链“AI + 金融”平台显现出卓越的业绩。截至 2019 年 7 月，新一代智能供应链“AI + 金融”平台服务中小微企业客户达到 2 万多家，日均订单处理数量达到 10 万笔，单日订单处理最大规模超过 50 万笔，累计放款规模超过 20 亿元，放款额度从 30 万元到 600 万元不等，覆盖供应链核心企业上下游各两个层级的小微企业，实现供应链金融业务新突破。

四、探索还在继续

政策春风持续不断

2019 年以来，我国金融监管逐步收紧，要求金融机构回归业务本源。供应链金融作为服务实体经济的重要方式，迎来了前所未有的政策机遇期，越来越受到政府部门的高度重视和支持。从中央到地方各省市政府部门均纷纷出台文件，明确支持供应链金融服务实体经济，鼓励搭建各种供应链金融平台。2019 年 7 月 10 日，中国银保监会发布了《中国银保监会办公厅关于推动供应链金融服务实体经济的指导意见》，该意见重点指出：鼓励银行保险机构加强对供应链上下游小微企业、民营企业的金融支持，提高金融服务的覆盖面、可得性和便利性，合理确定贷款期限，努力降低企业融资成本。

外部环境逐渐优化

近年来，得益于互联网基础设施的逐步完善与新兴技术的快速迭代，金融科技的数据分析处理能力大幅度提升，处理成本逐渐下降，传统产业开始利用新技术和新工具对产业链上的采购、生产、交易、融资、仓储、流通等各个环节进行技术改造，实现对产业链的整合和升级。以互联网、物联网、云计算、大数据、人工智能等为代表的信息技术与传统产业的融合不断加强。

在此背景下，传统商业银行经营理念开始转变，开始依托人工智能、大数据搭建开放平台，旨在聚合丰富的产业生态场景，为用户提供无感、无缝的金融服务体验。这为第四范式新一代智能供应链“AI + 金融”科技服务平台提供了良好的发展环境。

下一个目标

目前，第四范式新一代智能供应链“AI + 金融”科技服务平台在穿透服务小微企业方面已经可以达到多级信息穿透，通过“点、线、面”多维度的数据分析，尤其是基于机器学习的供应链交易真实性和异常分析模型，可以为供应链体系内多级上下游中小微企业提供安全智能的金融服务。但是，随着产业互联网络快速深入的发展，产业与产业之间、供应链与供应链之间互联互通越来越频繁和深入，同时供应链自身的规模也会越来越庞大复杂，随之带来数据关系空前的复杂性使得保证数据的真实性、精准及时感知数据异常、风险识别与把控就会成为供应链金融面临的难点。那么，未来第四范式将如何解决数据复杂性和数据真实性带来的风险控制难题，能否继续在金融科技服务小微金融领域再创佳绩，实现真正地服务小微企业长尾客户，第四范式还有很长的路要走。

民生直销银行：

从金融货架到开放平台的蝶变之路

2013年，是民生银行直销银行起步、我国直销银行萌芽的一年，也是我国互联网金融元年。

横空出世的“余额宝”以及迅速兴起的互联网金融，搅扰了银行业的平静。面对行业之外出现的“搅局者”，传统银行不得不放下“高大上”的身段，开始积极与互联网拥抱、融合，走上了向互联网银行、数字银行、智能银行等新型银行的转型之路。

作为“中国银行业改革试验田”的民生银行，把视线瞄准了直销银行。可以说，直销银行正是在互联网金融时代下应运而生的新型银行运作模式，打破了时间、地域、网点等的限制，不设银行网点、不发放实体银行卡，客户通过互联网远程渠道即可获取银行产品和服务。

正是看到直销银行具有机构少、人员精、成本低、能够提供更便捷优惠的金融服务等显著特点，民生银行基于反复调研和多方考量，选择直销银行这条路，开始探索实践，一路走到了今天。

从成绩单上看，民生直销银行一路高歌猛进，领跑同行业，而在风光无限的背后，只有民生银行直销银行事业部负责人L先生和他的团队成员才知道，这一路上有多少艰辛与苦楚。

虽然在民生银行直销银行主持工作只有几年时间，L先生却感到经历了太多的喜悦悲伤，太多的跌宕起伏，无法一一言说。

在互联网时代，多少狂欢与繁华转眼间就昙花一现、凋零殆尽。民生直销银行诞生于汹涌的互联网大潮中，虽然一路跌跌撞撞，但始终没有停下前行的步伐。作为业内领头羊，民生直销银行免不了遭遇诸多迷茫与挫折，但它并未停下不断顽强向前探索的步伐。

坚定方向、发起创建国内首家“线上”直销银行，从最初一个线上金融产品货架开始，不断突破创新，以平台化、生态化、特色化的方式开启了全新的互联网银行运作模式，民生直销银行闯出了一条独具特色的蝶变之路。

一、1.0 时代： 金融产品货架

筹备

在世界范围内，直销银行最早可以追溯到1965年在德国法兰克福成立的“储蓄与财富银行”（BSV），该银行也是现在全球最大的直销银行——荷兰国际直销银行（ING—DiBa）的前身。伴随着互联网的兴起，直销银行在北美及欧洲等发达国家繁盛起来，后来又经历了互联网泡沫、金融危机的洗礼，成为全球金融市场的重要组成部分。

2013 年初，民生银行成立了跨部门规划小组。在大约半年的时间里，民生银行展开了密集的调研和咨询，对直销银行的运营模式进行规划、设计。

一位筹备组成员回忆，2013 年，民生银行面向 1400 余个客户开展了近百场调研，同时在行内对 28 个领导、16 个分行领导以及一线员工广泛征集意见，还通过咨询公司联系到了一些海外的金融专家以及国内的行业专家进行访谈，获得了丰富的调研成果。

在考察与调研过程中，他们发现，因为直销银行成本比较低，它能够以更少的人，服务更多的客户，创造更多的金融价值。这种简单的零售模式非常适合国外地广人稀的状况，所以发展都还不错。而在国内，金融政策也一直鼓励创新，直销银行这个模式也是可以开展的。

2013 年 7 月，民生银行成立了直销银行筹备组，正式开始了直销银行的筹备和建设工作。“民生银行在很多方面，包括设立直销银行，从有认识到直接发起成立这样的一个部门，速度非常快，充分体现出民营银行快速决策的特点。”L 先生说道。

余额宝的启迪

就在民生银行按照既定计划推进直销银行构建的过程中，阿里巴巴旗下的余额宝在 2013 年 6 月横空出世，一炮打红，震惊了整个中国银行业，开启了“互联网金融元年”。

这也让民生银行从中受到了启迪，看到了互联网的力量。一款简单的货币基金产品，正是搭载了互联网的快车，才爆发出巨大的威力，乃至在整个金融领域激起了强烈震荡。

经历了半年多的紧张筹备，2014 年 2 月 28 日，民生直销银行正式上线，这也是国内首家“线上”直销银行。客户可以在线自助开户及购买产品是其一大特色。同期上线的还有三款产品：“如意宝”“随心存”“轻松汇”。

此前，面对“余额宝”引发的存款搬家的局面，各家银行按捺不住，纷纷推出银行系“宝宝类”产品与之抗衡。在民生银行推出“如意宝”之前，已有中国银行、平安银行、广发银行、交通银行、工商银行、浦发银行 6 家银行推出了类似余额宝的产品，加入“宝宝军团”混战。

在银行推出的“宝宝类”理财产品中，民生银行的货币基金产品“如意宝”可谓“博采众长”——具有购买门槛低、签约后自动申购、支取灵活、日日复利的特点，提供网站、手机 APP、微信、H5 等渠道 7 ×24 小时服务。签约“如意宝”的客户可选择多款基金公司货币市场基金产品。在客户体验上，客户通过互联网即可简单实现开户、申购、赎回、看收益。因收益良好、操作方便、用户体验好，“如意宝”获得青睐，成为“宝宝军团”中的一支明星产品。

而且，“如意宝”与其他银行系宝宝产品的不同之处在于，首次签约“如意宝”后，账户里的活期存款将自动购买货币基金，不用每日转账倒腾。

“直销银行是民生银行发展转型的一项重大战略，并不是盲目追赶理财市场热潮，也不会刻意去拼价格，而是立足于客户多样化、个性化的金融需求和商业银行的独特优势，持续不断地推出优质的产品和服务。”民生直销银行相关人士说。

图1　民生直销银行网站页面

首创电子账户 直销银行破冰

尽管在“如意宝”之前，已有不少银行“宝宝类”产品诞生，但这些产品均是通过传统电子银行平台合作，并非“直销银行”。也就是说，想要购买这些产品，首先必须要有这些银行的实体借记卡才行。为了使得客户能依托于非实体银行卡购买“如意宝”，民生直销银行走了一条前人没有走过的道路。

民生直销银行的目标客群，不仅覆盖本行的客户，而且面向所有互联网客户。鉴于监管的要求，远程开户仍未放开，银行卡的开户必须要在线下银行网点进行。为了能真正实践全线上运营的理念，让非民生银行客户也能做到纯线上开户和享受金融服务，就必须得有一个新的账户体系去支撑。

提出电子账户的概念，就是为了打通资金通道、满足民生直销银行支付结算的要求和提升客户的体验。这一创新提法，当时在国内银行业属于首创。

2013年，民生直销银行提出了电子账户的概念。客户购买“如意宝”等民生直销银行的产品，不需要再开通民生银行的银行卡，仅需要绑定一张其他银行的实体银行卡，即可在线上开立一个民生直销银行的账户。此后几个月，民生直销银行与监管部门反复沟通，最终获得了试点认可，并在2014年初正式上线。

2015年12月中国人民银行发布《中国人民银行关于改进个人银行账户服务加强账户管理的通知》，在现有个人银行账户的基础上，增加银行账户种类，将个人银行账户分为Ⅰ类银行账户、Ⅱ类银行账户和Ⅲ类银行账户。Ⅰ类户为全功能账户。Ⅱ类户定位为“理财+支付”功能账户，银行可通过Ⅱ类户为存款人提供存款、购买投资理财产品等金融产品、限定金额的消费和缴费支付等服务。Ⅲ类户定位为“小额消费和缴费支付”账户，银行可通过Ⅲ类户为存款人提供限定金额的消费和缴费支付服务。

可以说，民生直销银行电子账户开创了电子账户的先河，为未来监管规范管理和行业发展奠定了账户分类的基础，提供了案例支撑。

春暖花开时节，直销银行账户体系破冰，平台产品逐渐迎来了发育壮大的时机，民生直销银行从最初只有三款产品的一个简单金融货架，逐步丰富成为一个涵盖贵金属、公共缴费、小额消费贷款、一手房按揭贷款等丰富产品的金融“超市”。在不断完善直销银行的过程中，民生银行也积极学习和引入互联网公司一些“网红”消费金融、财富管理类产品。此后几年间，民生直销银行在快车道上全速行驶。

直销银行大潮涌现

据媒体报道，在民生银行之前，北京银行已于2013年9月推出了国内首家直销银行。其中一个重要背景是，全球最大的直销银行 ING-DiBa 是荷兰 ING 集团的全资子公司，而 ING 集团是北京银行的境外战略投资者。

不过，北京银行直销银行采用的是“线上互联网平台”和“线下直销门店”模式。因为线上开户面临区域性的监管限制，北京银行直销银行当时主要还是在线下建立便民直销店，设置远程签约机、存取款机、自助缴费终端等。

从行业发展的视角看，2014 年 2 月 28 日民生银行发起创建国内首家“线上”直销银行，可以说是吹响了中国银行业大力发展直销银行的号角，象征着国内银行业正式步入直销银行年代。

此后短短的两年多时间，国内超过 100 家直销银行如雨后春笋般纷纷成立。究其原因，2013 年余额宝横空出世无疑是一个重要的催化剂，此外，2015 年 12 月中国人民银行出台的关于个人账户管理的相关规定，厘清了银行发展纯线上业务的制度障碍，也成为一个重要支点。

于是，国有大行、股份制商业银行和部分城商行纷纷跟进，设立直销银行部门、开展直销银行服务，还有部分农商行加入其中。2017 年 11 月，国内首家独立法人直销银行——百信银行正式开业。

总的来说，这一阶段的直销银行是传统零售银行业务的互联网化和用户自助化，以“存投贷支付”产品服务为中心。“金融货架”式的直销银行成为第一代直销银行的代名词。

二、2.0 时代：“4 朵云 +1 范式”

直销银行事业部转型

要跟上互联网时代的快车，与互联网银行同台竞技，一个反应迟钝、行动缓慢的司令部是无法适应的，必须得有一个灵活、迅速响应、专业的组织架构和团队来支持。

而我国直销银行的现状是怎样的?

除百信银行之外，我国100多家直销银行均无独立法人资质，这使得直销银行缺乏独立规划、自主研发权和运营机制。大部分直销银行只是银行下属业务部门，既无法体现直销银行的成本优势，也难以跳出传统银行发展的思维定势。

多数直销银行定位不明，只能算是传统银行的网上银行、手机银行等虚拟渠道部分销售功能的整合与集中。大部分传统银行在服务体系设计和搭建上仍将直销银行作为渠道的一种拓展而已。

在业务发展上，多数直销银行产品较为单一，主要集中于货币基金、银行理财及存款业务，同质化现象严重，缺乏创新，而且受制于传统的信贷、理财部门产品体系的制约，产品需要走烦琐的审核风控流程，没有自身针对目标客户群的风控体系。在IT方面，系统又受制于传统银行切片式的IT系统架构制约，无法对业务进行快速响应。

而且，传统银行的层级制管理与互联网理念格格不入，导致市场响应效率损失严重。国内众多直销银行仍与传统银行共用一套考核机制，与互联网经济发展规律相悖。多数直销银行也缺少既懂运营又懂业务的专业团队。

曾几何时，直销银行被寄予厚望，被看作传统银行向互联网金融生态延伸的最佳代表。然而2016年以来，直销银行的话题热度渐渐降温，前有电子银行、手机银行占道，后有互联网银行追赶，定位不明且缺乏特色的直销银行变得越来越尴尬。

如何走出我国直销银行普遍面临的困境呢?民生银行通过内部事

业部转型，探索出了一条符合自身情况的直销银行发展路径。

民生银行认为，独立发展是直销银行未来发展的方向。直销银行不仅仅是传统银行虚拟渠道部分销售功能的整合与集中，更是一种全新的银行业务独立运作模式。

2018 年，民生银行落地实施了直销银行的事业部制改革。事业部制改革，就是从行政化、部门化、科层式的传统银行治理模式向专业化、扁平化、流程化的“客户中心型”治理模式转型。传统银行业务流程采取层级管理，前中后台层层授权，结果是一笔业务常常需要几十道工序才能完成。事业部制本质上是对流程的再造，从而实现组织扁平化，人才专业化，管理精细化。

事业部具有五大特征，包括独立核算、责任和利益明晰；自身拥有完整的客户链；资源支配权与责任相匹配；垂直管理分支机构；共享总分行运营支持平台。

相比传统银行的总分支模式，事业部制针对客户群，形成端到端服务流程，前中后台一体化，高效协同，能及时了解客户需求、对市场变化作出及时反应，更有利于提高客户服务的效率、效益和质量；全球或全国一盘棋，更有利于提升业务规划和资源配置的有效性，提高经营效益；条线化、差异化管理更有利于战略传导、专业化市场营销、产品管理和风险管控；全流程化的利益共同体更有利于知识、经验、信息的共享。

在人员配置、绩效考核和激励机制等方面，L 先生认为，银行无法与互联网性质的机构相比较，不同的机构有不同的基因，只能找到一个更适合自身机构当前发展阶段的机制。“民生直销银行的整套绩效考核、目标导向，形成了独特的文化和风格，还是比较市场化的。”L 先生说道。

从2014年成立至今，民生直销银行从最先的网络金融部二级部门，如今升级成为一级事业部，可谓迎来了一个新的跨越。

“四朵云”服务打出组合拳

经过近4年的精耕细作，民生直销银行到2017年末已拥有超过1000万客户与超过1000亿元金融资产，业务覆盖“存投贷汇付”全领域，品牌知名度日益扩大，发展水平居同业领先，为百余家后起直销银行的发展起到标杆示范作用。

图2　民生直销银行发展成就

作为领军者的民生银行意识到，一花独放不是春，百花齐放春满园。只有各家直销银行肩负起自我发展的责任与义务，才能推动直销银行业良性发展。

2018年1月23日，民生银行举办“首届直销银行联盟高峰会暨民生直销银行2.0发布会”。会上，民生银行发布了我国首份《中国直销银行白皮书》，并推出直销银行2.0模式。300余家大型企业客户、互联网企业、独角兽企业参加了此次会议。

自此之后的几年，举办直销银行联盟峰会、发布直销银行年度白皮书，并推出新版本的直销银行版本，成为民生银行一项重要的年度活动。通过分享、交流、宣传等方式，民生直销银行为行业树立了标杆形象，同时也为监管层的规范化起到了积极正向的参考作用。

在过去的4年间，国内有一百余家直销银行涌现并发展迅速，然而民生直销银行深刻地认识到，如果直销银行停留在1.0时代的“金融产品货架”，作为传统零售银行的补充，这条路绝对不可能走得长久。

突破、创新旧有的运营模式成为必然。在不断探索的过程中，民生直销银行按照产品、服务、客群、对接模式、金融生态等维度，推出了直销银行2.0版本——“4朵云+1范式”模式，以平台化、互联网化、特色化的方式开启了全新的互联网银行运作模式。

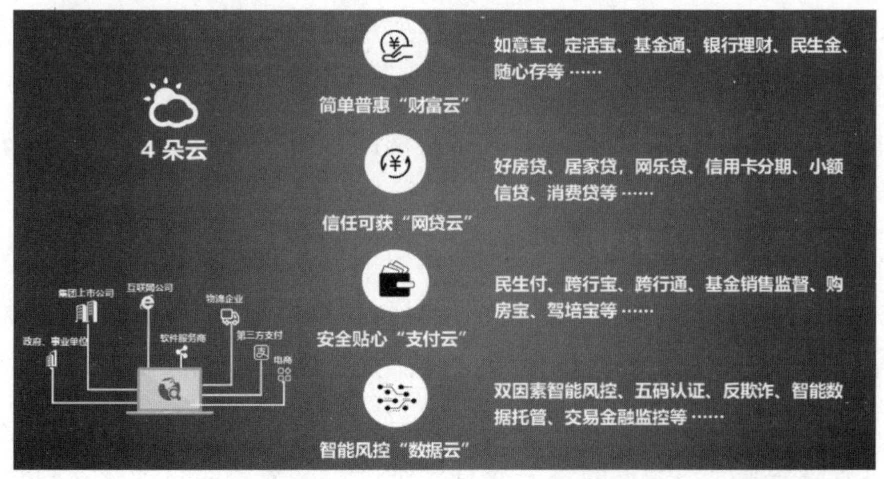

图3　民生直销银行2.0版“4朵云”

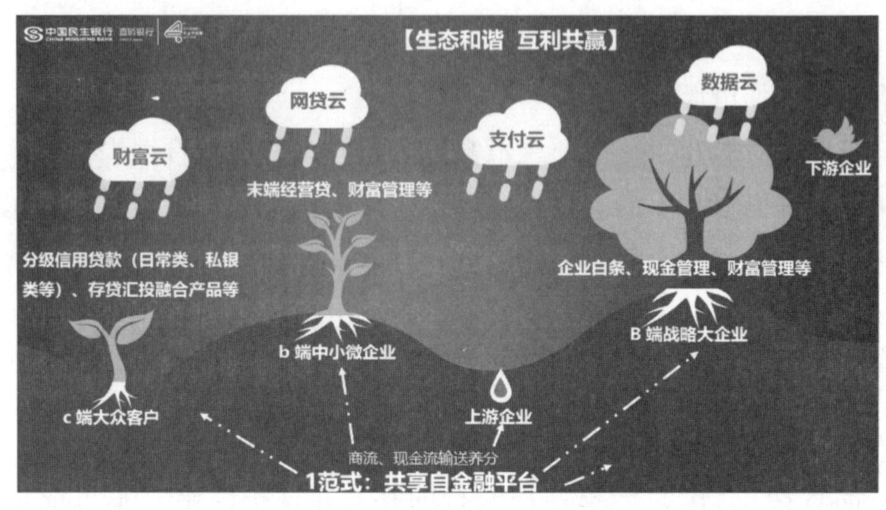

图4 民生直销银行2.0版“4朵云+1范式”

第一朵“云”是财富云。民生直销银行2.0充分考虑客户可能面对的多重场景，提供更为开放的注册与开户，以及纯线上理财、投资交易服务。特别是基于Ⅰ、Ⅱ类电子账户的交易服务，集如意宝、基金通、民生金、银行理财、随心存等多种产品于一体的投资组合，兼顾收益和流动性，满足客户对资产保值增值的要求。自有平台和第三方平台的自由链接输出也是民生直销银行创新的一大亮点。通过标准化的三方输出接口向企业输出产品，帮助企业所属员工、客户，乃至客户的客户制定专属财富计划，打通“全链条式”产业服务。

第二朵“云”是网贷云。民生直销银行2.0突出强调可获性和覆盖性。直销银行的信息优势与企业客户流量相结合，可以帮助企业获得银行金融支持和权威数据风控支持，充分满足企业优质客户的贷款需求。以民生好借、民生好房、民生好车等系列贷款产品为切入点，构建消费金融生态圈。网贷云兼具多维度、广覆盖的自动化客户评价和风险检测体系，以互联网大数据为决策基础，提供网络化融资服务，实现获客、调查、审批和贷后管理的批量化和自动化。

第三朵“云”是支付云。民生直销银行 2.0 紧贴客户“衣、食、住、行、游、购、娱、医、教”一系列场景消费需求，以结算账户和电子账户为基础，面向开放的全网用户，提供多种账户和介质，支持多样化的支付方式，以民生付、跨行宝、跨行通、基金销售监督、驾培宝等支付通道为载体，与企业开展底层账户对接，帮助企业打造专属互联网支付通道。通过输出理财产品，为电子账户中的存量资金提供收益。

第四朵“云”是数据云。民生直销银行利用自身技术和信息优势以及从风控征信到数据托管的“一揽子服务”，主动承接中小企业的数据管理业务，帮助企业实现管理成本最小化，提高企业数字化运营决策能力。

“1 范式”是紧抓平台经济“产业链扁平化”趋势，满足企业向其上下游生态和自身客户提供服务的“自金融”需求，以 4 朵云为底层支持，致力于打造一个闭环共赢的“共享自金融平台”范式。民生直销银行立足于企业客户个性化需求，以“平台化、标准化、生态化”思路推出“BBC、BBb”模式，向 B 端大企业、b 端中小微企业、上下游企业和 c 端大众客户输送商流、现金流，实现立体式辐射。

民生直销银行打造基于“电子账户 + N”的标准输出模式，提供行业标准化综合化解决方案。核心企业可承接直销银行的金融科技输出，风控、征信、运营能力输出，支付、账户、结算能力输出，资金输出等获取全产业大数据，降低全产业生态圈金融成本，获取额外利润来源，夯实核心地位。各企业都可通过“共享自金融平台”，根据需要为自身客户提供便捷的“存、投、贷、付”服务。对企业而言，收获的将是客户的好评、利润的提升、员工的忠诚、成本的降低及效能的提高。通过“范式”，有效满足企业全产业链的财富、资管、运营、销售等金融服务需求，达成民生直销银行与各类企业（独角兽、大、中、小）的“生态和谐、互利共赢”。

刚刚发布完2.0新版本，民生直销银行很快又有了新动作。2018年1月28日，在民生银行科技部的牵头研发下，成功实现直销银行分布式核心系统的投产上线，这标志着民生银行成为国内首家基于分布式技术架构设计实施并成功上线千万级核心账户系统的银行，也意味着民生直销银行作为国内首家面市的纯线上银行，率先投产运营分布式核心系统。分布式核心系统投产上线，不仅大幅降低了直销银行软硬件投入成本，而且充分满足了其超亿级海量数据和秒级处理速度超5200TPS的技术要求。

这一新的技术“装备”，为民生直销银行“大展拳脚”提供了极大的助力。

构建“场景+金融”新生态

就在民生直销银行上线后不久，民营银行正式破冰，乘着互联网的东风，纷纷布局试水互联网银行，典型代表有微众银行、网商银行、新网银行。

这些新兴的互联网银行完全脱离了既有传统银行，如一颗颗新生的枝芽顽强生长，尤其是微众银行与网商银行依托互联网巨头的流量资源，发展迅猛，对直销银行的发展带来了一定的挑战。

例如，腾讯主导的微众银行上线后，主打活期理财和个人消费贷款，截至2016年10月初，“微粒贷”累计发放贷款总金额超过1200亿元，总笔数超过 1500 万笔，笔均放款约 8000 元，最高贷款日规模超过 10 亿元。

拥有深厚互联网基因的网络银行成为传统银行强有力的竞争对手，而还在探索中的直销银行则似乎并没有万全的应对之策。

在 L 先生看来，不论是持牌的民营互联网银行，还是没有持牌的直销银行，本质上殊途同归，都是互联网银行。虽然各家互联网银行发展路径不同，但是没有好坏之分，其实都是由自身禀赋决定的，而发展到一定阶段，则又会在结构上有所趋同。

“做互联网银行，首先要解决的就是客户从哪里来。所有做得好的互联网银行都是从流量入手，而这就与自身禀赋紧密相关。”L 先生说，比如网商银行的流量从支付宝、淘宝来，微众银行的流量从微信来，新网银行没有大的流量入口，就只能自己去找合作平台，把自身定位为一个“万能连接器”。

“我们的直销银行也是一样的，首先要解决流量问题，因为互联网银行一定是面向海量用户的长尾经营。”在 L 先生看来，国内很多直销银行发展得很困难，就是因为它们没有想清楚流量从哪里来。

事实上，我国百余家直销银行的发展，也呈现出“冰火两重天”的局面。一些直销银行努力突破零售银行的束缚，闯出了一条新路。而另一些直销银行，则禁锢于传统银行的组织架构与经营理念，沦为可有可无的尴尬存在。

初期的两三年间，民生直销银行凭借品牌优势，基本上在国内能够叫得响的大平台，比如 BATJ（百度、阿里、腾讯、京东）、美团、滴滴、360、小米等，民生直销银行都有接入。

但市场竞争是激烈残酷的，这些百万级、上亿级的流量平台，在价格充分竞争的前提下，依然存在成本波动和流量外流的情况。经过反思，L先生认为，民生直销银行还是需要拓展一些能够真正切入场景开展合作的客户和平台，模式的差异决定了未来获客的差异，进而决定了组织形式的差异。

在合作的平台中，美团点评是一个典型案例。

美团点评是中国目前最大的一家生活服务类提供商。在积累了强竞争力后，美团点评开始向金融板块布局，至今已拥有支付、小贷、保理、银行和保险牌照。随着用户需求的多元化，美团点评开始借助外部金融资源丰富自身金融产品服务，提升金融专业能力。

为了满足美团点评用户的理财需求，民生直销银行为其量身打造了一款线上理财服务——“美添益”基金。美团点评的用户画像是年龄偏轻、资产相对少、对理财有刚需且有成长性的群体。这类群体的理财主要有两个诉求：一是财富的保值增值，二是未来理财资金的消费。具体表现为偏好期限稍短、中低风险、有一定流动性，在此基础上合理提升收益率的理财产品。

民生直销银行引入的货币市场基金，契合用户的理财诉求。但从整个市场来看，用户的理财需求是波动性、周期性的，金融市场的理财需求已从货币市场基金逐渐转向定期固收类产品。因此，美团点评也逐步引入民生直销银行的固收类产品，为用户提供更丰富的选择。

据美团支付介绍，民生直销银行为美团点评前期的理财场景建设提供了有效的支持，以专业金融能力助力美团点评优选产品。民生直销银行提供的“如意宝”“慧选宝”等产品在风险、收益和流动性方面均位于同类产品的前列。

未来，银行账户不再是一个中心化的节点，而是通过碎片化功能与场景耦合，和用户发生高频、有黏性的互动。目前，互联网平台更多与银行在Ⅱ、Ⅲ类账户进行合作，通过引入银行服务满足场景内用户的需求。很多中小型互联网公司，不再建立自营的第三方账户体系，而是借助银行的账户输出，做深度的整合，因此，银行和互联网公司客户的共同运营和共同分享将会成为未来的潮流。

此外，民生银行自身的集团客户也是直销银行重要的客户来源，民生直销银行正在为一些集团客户做线上金融服务的综合开发。比如东方航空、宇通、三大运营商等，它们的诉求是为自己的客户或者员工提供配套的综合性金融服务，比如面向会员或者员工的充值一卡通福利、理财、小额信贷等，并不是以此作为盈利目标。而这种自金融的需求，也更契合了民生直销银行想要服务的对象。

实际上，民生直销银行是把能力输出给企业，嵌入企业的生态里面，使企业具备了金融能力，来服务它的客户，包括小微客户和个人客户。

悲喜交加

在诞生之后的几年中，伴随着互联网金融一次次爆发风险，民生直销银行也一次次地感受到互联网金融监管的审慎和严谨。

即便是已经成为爆款产品的“如意宝”也在逐步规范中面临严峻挑战。“如意宝”之前已经做到上千亿元的规模，但是2018年出台的货币基金新规，要求实时赎回金额降到限额1万元，而此前“如意宝”的实时赎回金额是500万元，加之收益率的下降，这一爆款产品基本上就不再具有市场竞争力了。“如意宝”从2014年上线到现在逐渐式微，实际上其对直销银行的阶段性贡献已经完成。

由此，也可以看出，如果直销银行仅仅是一个金融货架，一旦货架上的爆款产品不再具有吸引力，那么直销银行也就会随之门庭冷落。

L先生直陈，直销银行经历了很多阵痛。以前，互联网银行是在比较宽松的政策环境下发展和创新，后面政策逐渐趋严，创新也就越来越难了。比如Ⅱ类账户的新规、货币基金的新规、现金贷的新规，还有支付端之间的一些新规，很多都对业务发展造成了较大震动。

但创新仍需守正，谈及最深的感受，L先生感慨地说道，做互联网业务会经常收获很多爆款产品的喜悦，也收获了这款产品规范、迭代的冷静。

"这就是互联网，一路起伏向前，令人憧憬向往，又危机四伏，这既是互联网的魅力，也是互联网的残酷。这就要求我们这些从业者有不断转型和进步的韧性。"L先生说道。

三、3.0时代：变身"开放银行"

开放+链接

马云曾经说过：未来银行服务一定存在，但是银行却不一定存在。未来的银行不再是一个物理网点，而是以一种服务形式存在。

这一现实正在金融科技大潮下加速到来。2018年，"开放银行"的概念在国内逐步火热起来。

开放银行又称为开放式金融平台，是商业银行开放API（Application Programming Interface，应用程序编程接口）端口，采用Bank-as-a-Platform（BaaP，银行即平台）形式，连接各种不同的商业生态，为客户提供各类符合场景需要的金融产品与服务，从而形成开放、共享、协作的服务模式。

这一年的7月，浦发银行率先推出API Bank无界开放银行，拉开了开放银行建设的帷幕，之后工商银行、招商银行、建设银行、众邦银行等商业银行陆续发布相关产品，国内银行业走向“开放银行”之路。

事实上，2.0时代的民生直销银行，已经迈入了“开放时代”。

当前国内大多数直销银行处在1.0阶段或是1.0向2.0发展的状态，而一直处于领先地位的民生直销银行，顺应行业发展潮流，在不断迭代升级中，率先推出了直销银行3.0版，定位正是“开放银行”。

在2019年1月16日的“第二届中国直销银行联盟高峰会暨直销银行3.0发布会”上，民生银行推出了“直销银行3.0”版，迭代升级成为“四朵云+开放式+链接器”新模式。

“民生直销银行3.0旨在打造‘开放银行’服务，通过金融、技术、数据、风控等全方位开放支持，打造国内第一个BBC开放式综合性金融云服务平台。”L先生介绍。

民生直销银行3.0主要涵盖个人金融、公司金融、城商行金融以及ISV（独立软件开发商）金融四个领域。在个人金融方面，除了“四朵云”，即财富云、网贷云、支付云、数据云之外，个人客户可以在民生直销银行APP或官网、微信银行、H5等渠道进行线上开户，在线化享受民生直销银行服务。在四朵云底层支持的基础上，民生直销银行可以为企业及其产业链上下游提供线上化、综合性金融服务。

城商行金融和ISV金融可以说是民生直销银行3.0最大的亮点，在直销银行3.0中，民生银行向一部分迫切想发展直销银行业务、但又受

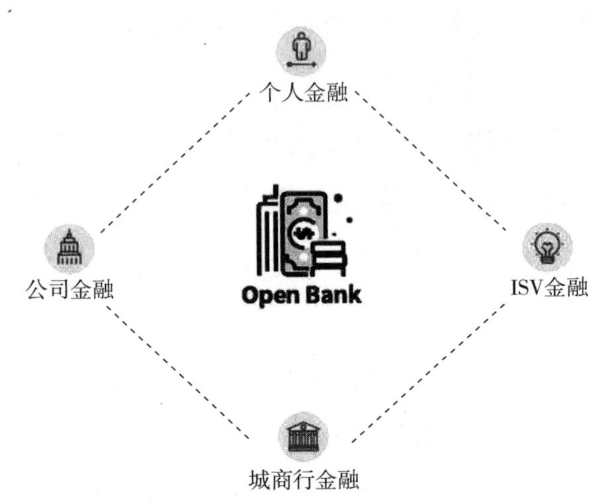

图5　民生直销银行3.0——开放银行

限于自身网点范围和技术力量薄弱的城商行和农商行输出科技开发力量与金融产品，帮助其满足客户日益增长的新兴消费需求，应对互联网下的激烈竞争，并通过与这类金融机构合作、优势互补，打造一个共享、开放、协作的互联网金融生态圈，共同服务各类客户群，改变以往的客户分流局面。

建立与ISV之间的“链接器”是民生直销银行3.0最显著的特色。民生银行利用直销银行3.0金融服务云平台，向ISV服务商提供丰富的API接口，打造“I2B2C”链接器，全覆盖账户类、产品类、支付类、数据类等场景，彻底改变传统的系统对接开发模式，实现从点到线、再到云的创新升级，从而形成各类商户与金融平台的裂变式快速接入。与“ISV合伙人”之间的合作，民生直销银行无须自己去创造生态，而是嵌入ISV的生态中，合伙人通过标准化的系统对接、开发、包装、分销，即可形成其服务行业的专业金融服务解决方案，做“你的场景，我的金融”之间的合作。

首家“集团钱包生态系统”

截至2019年12月末，民生直销银行已推出4大类16项金融产品，服务客户超过3000万人。在继续迭代进化的基础上，民生直销银行又迎来了一个新的里程碑。同年12月26日，民生银行举办“第三届中国直销银行联盟高峰会暨直销银行集团钱包生态系统发布会”，基于3.0开放式综合金融云服务平台，孵化并推出国内首家“集团钱包生态系统”。

“对于一家企业而言，客户、员工、财务、营销、上下游等宝贵资源即是生态，而民生直销银行集团钱包服务则可以为这些‘宝藏’提供高黏合度的场景金融解决方案，把存、贷、汇、投、支付、会员体系、员工福利、分销结算、融资融智等服务打造成为可获取、有场景、能落地的功能，让企业管理者能够轻松享受管理、经营、获客、变现等全覆盖的立体金融服务。”民生银行董事长洪崎在发布会上说道。

“集团钱包生态系统由三大部分组成，通过‘易获的产品、合适的场景、健壮的系统’带来‘会员钱包计划、员工福利计划、分销增值计划’。”L先生介绍说。

员工福利计划，是为集团企业员工打造的针对员工个人消费、财务增值、生活服务、优惠专享、差旅交通等综合类一站式的福利开放平台，目前已应用于国家电网、中国东方航空等大型企业，累计服务客户近100万人。

会员钱包计划，是打通会员账户与银行账户，提供账户资金充值/提现、冻结/解冻功能，并且结合积分与余额组合支付、增值理财、特色贷款等活动，为会员提供的多样化服务。同时，民生直销银行也发挥银行优势，为平台及平台用户提供包括特色存款、基金、理财、贷款等定制增值服务。

分销增值计划，是民生直销银行面向供应链上游（核心企业）免费提供“分销管理＋支付结算＋平台赋能”的一种新型产品。民生直销银行有针对性地将金融产品快速应用到企业全链条的所有业务场景，优化财务管理、支付结算流程，提升财务管理效率，加快资金流动速度，为企业创新打造专属解决方案。截至目前，已对接100余家大型B端品牌商户、4万余家分销商，未来还将覆盖日用、家装等领域。

“我们已向中国航信、华为、东方航空等多家龙头企业提供集团钱包服务，正在向零售、医疗、能源、教育、商旅等广阔领域快速复制。”L先生介绍说。

与民生银行有着良好合作历史的东方航空，可以说很顺利地就成为了民生直销银行的合作伙伴，通过“东航钱包”，双方开启了“银行＋直销＋行业”的一个合作新模式。

东方航空是国内三大国有骨干航空运输集团之一。在互联网的高速发展下，直销在航空行业越来越受到重视，为了提升东航直销平台的客户活跃度，做大直销业务，东方航空计划在东航直销平台上为更多的常旅客会员提供金融增值服务。

在此之前，东航股份凭借综合实力吸引了众多刚性客户，但这些客户的金融需求缺乏整合。东航股份通过与民生直销银行共同打造“东航钱包”这款互联网产品，将这些金融诉求整合到钱包项目，集合于一个场景，提升了客户的体验和黏性。

民生直销银行为东航股份的常旅客会员提供电子账户作为东航钱包的余额账户，并在此基础上为会员提供余额理财、线上支付、积分支付、银联二维码和云闪付等综合支付方式，创新拓展东航会员积分的应用场景。东航的常旅客可持东航 APP 在星巴克、汉堡王、家乐福等商家消费，使用东航积分直接抵扣消费金额，丰富了东航 APP 的应用。

“东航股份和民生直销银行的合作尚处于初步阶段，随着与民生直销银行合作的逐渐深入，东航股份会为常旅客会员提供包括金融分期等更为丰富的金融产品。”东方航空财务会计部副总经理介绍道。

民生银行与帝王洁具合作的“分销易”一体化解决方案，也是“集团钱包生态系统”的一个典型案例。

四川帝王洁具股份有限公司（帝欧家居）是一家生产中高端亚克力与陶瓷产品的综合卫浴厂家，在全国共签约 1000 余个经销商，建成门店 1100 余家。帝欧家居财务管理部资金主管介绍，由于订单量大、经销商多，月结资金数据冗杂，帝欧家居需要大量的财务对账来核对经销商的打款数据。民生直销银行通过为帝王洁具开发专属管理后台及微信小程序，解决其在 B2B2C 分销场景下的全渠道货款收取、货款清算、查询对账、进销存管理等相关问题。

在此方案中，民生直销银行提供账户管理及支付方面的服务，为帝王洁具总账户下不同区域的经销商开立子账簿，与经销商间的资金往来全部通过子账簿进行记载，子账簿可作为经销商的回款账户，同时经销商也可以通过其专属二维码支付货款。这一方案以清晰的账户记录和便捷的支付途径，助力帝王洁具节省财务的核对时间，提高财务管理效率。

此外，帝欧家居与民生直销银行还在金融产品层面展开合作，并将和民生直销银行探讨基于家居行业真实业务场景的一揽子定制化服务，如从产业链上下游入手到客户营销、售后的一种闭环服务，这种服务可以是账户层面、销售层面或者提升客户黏性层面的。

“直销银行 3.0 的实现，基于消费互联网和产业互联网真正打通，否则难度会很大。” L 先生介绍说，在消费互联网行业，一些独角兽平台能够充分打通 C 端，但是产业互联网要打通各个环节，还有很多事情要做。比如传统 ERP 要转为云化 ERP，会对应到 SaaS，再到 PaaS，产业过程中数字化基础的提升涉及商业管理更为深刻的过程。所以不是所有行业都能够实现 3.0，因为产业的发展不同，数字化的进度也不同。

比尔·盖茨曾预言，银行将是 21 世纪最后的恐龙。实际上，只要有人类社会存在，只要有经济活动发生，银行的业务和服务永远不会成为最后的恐龙，但银行的形式和形态会发生变化。银行可能不再仅仅是一种机构，而是一种无所不在的服务。

未来，直销银行的前行之路还很漫长。民生直销银行将在这条布满荆棘与鲜花的路上探索前行。

渣打银行财富管理 APP：

手机里的投资者教育课堂

2001 年 12 月 11 日是一个特殊的日子——这一天中国正式成为世界贸易组织（WTO）的一员。彼时中国金融市场呈现出多样化发展趋势，而在金融市场上也逐渐涌现出一类人，他们大都是改革开放的弄潮儿，20 世纪 90 年代下海，经过十余年打拼积累了数量可观的财富，用现在一句时髦的话说，就是“高净值客户”。

K 先生是其中一位，从 2002 年开始，他就把目光投向实现财富自由上。但他既不知道该如何进行财富规划和资产配置，也不知道在哪里能找到满足自己需求的产品。2005 年，报纸上刊登的一篇文章引起了 K 先生的注意，这是渣打银行发布的对近期国内外市场投资的建议，为他打开了理财之门。而在此之前，很少有银行定期公开向投资者发布投资观点。

在中国向外资银行敞开大门的同时，渣打银行关注到在中国越来越多富裕起来的投资者对专业财富管理的知识充满了渴求。依托集团全球化的投研优势，渣打银行从2005年开始定期向国内主要媒体分享自身对市场的判断，是当时为数不多的关注到投资者教育的商业银行。

近年来随着移动互联网的发展，渣打银行将投资者教育延续到了移动终端，其打造的财富管理APP于2018年正式投入使用，该APP专注于打造领先的投资者教育平台，一方面更加及时地传递对市场的观点，另一方面更加详尽介绍产品详情。同时也开发了简单易用的理财计算器，从而更好地帮助用户进行投资决策。例如，家庭应该如何进行资产配置以满足长期的保障和财务需求？不同风险偏好，会对应哪些资产组合以及相应的预期收益率和波动率？如何理解定投和单次买入带来的不同收益率？

渣打银行在中国将做好投资者教育的初心坚持了十余年，最近发布的财富管理APP则让渣打银行把投资者教育课堂开进了手机。这样做真能让投资者打开手机就能提高财商吗？让我们一起来了解这家百年老店如何以知识传承的理念来经营投资者教育吧！

一、将中国元素融入渣打基因

根植中国的百年老店

故事要从一百多年前讲起。1853年，渣打银行（the Chartered Bank of India, Australia and China）在维多利亚女王的特许下建立，距今已有逾160年历史。这是一家总部位于英国伦敦的国际银行集团。

现在的渣打银行集团（Standard Chartered PLC）于1975年由两家

银行合并而成，分别是：英属南非标准银行（the Standard Bank of British South Africa）和渣打银行（Chartered Bank of Indian，Australia of China），其业务网络遍及全球60多个最有活力的市场，为来自145个市场的客户提供服务。

渣打银行很早就进入了中国，是最早在中国设立分行的外资银行之一，并且从未中断过在中国的业务经营。1858年其在上海开设分行，后迁入外滩18号。1862年，渣打银行得到授权在香港发钞至今。

图1　外滩18号原渣打银行总部大厦

（资料来源：百度）

从左至右：渣打银行、中国银行、汇丰银行。

图2　香港地区三大发钞行

（资料来源：百度）

1949年新中国成立后，渣打银行被允许继续留在上海营业，并应政府要求协助打开新中国的金融局面。改革开放以来，渣打银行率先重建在中国的服务网络，加上已有的上海分行，截至2019年10月已在中国近30个城市设立网点，成为在华网络最广的外资银行之一。

2006年11月，渣打银行向中国银监会递交了筹建子银行及个人人民币业务牌照的申请。2007年3月，渣打银行（中国）有限公司成为中国第一批本地法人银行，目前已完全进入中国国内市场为消费者提供人民币业务。

全球视野下的财富管理

2006 年 12 月，中国银行业开放过渡期正式结束。在此之后，外资银行可以向本地公司客户以及个人客户提供人民币业务。随着《外资银行管理条例》的施行，对经营人民币业务执照的限制进一步取消。渣打银行也随之迎来了广阔的发展天地，这与其在中国采取的“四化”战略框架分不开，“四化”即广化、深化、强化、优化。

广化：扩大分支机构，关注核心客户，支持当地经济发展。外资银行不少战略都涉及广化，这令其有更多网络和客户的发展。

深化：全球网络是渣打银行的一个优势，渣打银行可以利用这个优势为客户带来国际化的发展，并且为客户提供不同于中资银行的产品和方案。

强化：从一个现有客户身上得到更多的收益比获得一个新客户更容易，渣打银行通过强化客户关系以获得更多的份额。

优化：为客户提供良好的服务，通过这样的优化使渣打银行和其他银行有所不同。

此时正值我国经济结构从制造业为主体向服务经济发展，其中以金融业经营模式的转变最为明显。这要从银行业发展早期说起，在那个以传统存放汇业务为主的时代，银行被喻为衙门，行员不需要出去跑，存款人就会主动来银行存钱。后来逐渐转向消费金融业务，此时行员开始走出去招揽业务。随着中国财富的不断积累，各中资银行则竞相以财富管理为主轴，这就需要做到积极主动，并且只有为贵宾客户提供全方位的服务，才能获取更大的增长空间。

有数据显示，一线城市平均每个家庭会从3家银行购买3至6种金融产品。这意味着，没有一家金融机构可以满足客户的全部家庭财务需求。

对全球资本市场的熟悉以及为客户提供财富管理一站式服务的能力一贯是外资银行的强项。外资银行财富管理的商机正在此处！基于这个判断，作为第一批在中国引进财富管理业务的外资银行，渣打银行将差异化发展的重心放在了全球资产配置上，致力于用专业为高净值客户提供定制化金融产品，以满足中国投资者全球资产配置的需求，这也是其在产品方面的一大突破。

在这一时期，中国理财市场进入快速发展期，经济持续快速增长下居民收入及金融资产的增加，也带动了理财需求的大幅增长，渣打银行逐渐发现了中国投资者的难处。大量投资者在投资中懵懵懂懂，一路踉跄。做投资者教育，让客户真正理解并认可产品的投资逻辑，充分了解每一个重大事件对不同资产的潜在影响。这也是如K先生这般的投资者迫切需要投资者教育的原因。

顾客服务至上是渣打银行一以贯之的理念，创造并满足顾客的需求则是渣打银行落实顾客服务的方法，其始终以打造“值得信赖的伙伴，满足您全方位的财富需求”为最高宗旨。而在近几年移动互联网迅猛发展的背景下，渣打银行更加注重流程改造与信息科技、顾客满意度相结合。以客户为本、重视科技发展也让它成为了外资行中愿意与中国国情、投资者需求贴近的佼佼者之一。这些为渣打银行坚定做好投资者教育，推出“渣打财富管理APP”奠定了很好的基础。

二、财富管理 APP 的诞生

萌芽

2004 年，中国商业银行第一次面向个人投资者推出了理财产品。但在当时，“财富管理”这一概念刚刚落地，国内银行业还未对客户进行系统的分层，更别提研究“高净值客户”的需求，并提供针对性的服务。

同年，渣打也在中国成立财富管理部，正式进入中国财富管理市场。2005 年以来，国内先后通过相关条例，金融业务可以进行跨业经营和共同营销。也就是说，投资者的理财需求可以通过银行一个平台得到满足。

但此时投资者对自身财富管理的认知并没有与时俱进，关于对财富管理认知的成长和递进，一个像绕口令一样的说法非常适用：

Level 1：不知道自己不知道；

Level 2：知道自己不知道；

Level 3：不知道自己知道；

Level 4：知道自己知道。

当买方和卖方的认知水平不在同一个水平线上，别说达成共识，要把对话进行下去都费劲。要实现有效的交流，还得从认知这儿下手。

渣打银行也注意到，优质的投资者教育可能让中长尾的财富管理机构从众多同质化的机构中脱颖而出，获得广大投资者的信任，进而实现业绩水平的反超。因此，依托集团全球化的投研优势，渣打银行从2005年开始定期向国内主要媒体分享对市场的判断，成为中国较早关注到投资者教育的商业银行之一，这也为其日后开展财富管理业务奠定了很好的基础。2006年，渣打银行获得QDII（合格境内机构投资者，Qualified Domestic Institutional Investor）[①] 业务资格，并在2007年3月成为第一批外资本地法人银行。

而在中国金融市场发展过程中，渣打银行注意到，随着投资理财渠道的不断扩宽和金融产品丰富程度的不断提高，金融市场信息不对称的情况变得更加严重。个人投资者难以凭借一己之力紧跟全市场的动态，对自身需求的剖析往往也不专业，更别说根据自身需求设计合适、匹配的资产配置方案。基于这一现象，他们感到为客户提供客观、中立的财富管理资讯越来越重要。

自媒体时代，公众将越来越多的时间花费在微信阅读上，机构也逐渐意识到，自媒体能直接将信息传递给受众。在此背景下，2015年10月渣打银行财富管理部创立了微信公众号“渣打银行财富管理”。

据渣打银行中国财富管理部董事总经理梁大伟回忆，“当时我们希望通过社交媒体宣传推广渣打的财富管理理念，因此专门推出了财富管理微信订阅号，由财富管理部打理。在选材时我们更看重内容的差异化，以及对客户是否具有参考价值”。渣打财富管理微信订阅号的主要受众正是K先生这样的人群，随着中产阶级愈发重视财富规划，订阅号在读者群中很受欢迎。在《理财周刊》发布的上海各家银行微信订阅号影响力排行榜中，“渣打银行财富管理”的排名位居前列。

① QDII（合格境内机构投资者）是指在人民币资本项目不可兑换、资本市场未开放的条件下，在一国境内设立，经该国有关部门批准，有控制地，允许境内机构投资境外资本市场的股票、债券等有价证券的一项制度安排。

渣打银行财富管理部也从订阅号的经营中得出了经验：通过社交媒体推广的内容一定要简洁、精准，也需要带给受众一定的收益，这样用户才有兴趣继续了解、熟悉其内涵。与此同时，他们也发现，尽管订阅号给渣打银行在投资者教育方面带来了一些突破，但与用户的互动比较有限。为了更好地服务客户，渣打银行财富管理部萌发了开发财富管理 APP 的想法。

摸着石头过河

2016 年 8 月，渣打银行推出移动端投资产品交易平台后，大量投资产品交易均通过手机平台完成，这是渣打银行在数字化上取得的初步成功，也大大增强了其发展移动端的信心。由此，渣打银行开始考虑除了交易功能，是否可以开发一个更有效地向客户提供投资信息的渠道。这也成为了财富管理 APP 诞生的契机。

财富价值主张部主要负责渣打银行财富管理的品牌、市场和数字化运营。部门总监杨笛表示，微信订阅号是单向传递信息的一个很好的平台，但从更好服务客户以及与客户持续互动的需求角度出发，微信无法基于用户的需求和行为习惯有针对性地提供服务。而且从渣打银行内部风控对用户数据保护的角度来看，微信平台也无法满足相关的要求。“我们把渣打银行财富管理 APP 定位为一个投资者教育平台，一方面希望基于用户的兴趣爱好和行为习惯提供有温度的个性化服务，向用户推荐其可能感兴趣的即时市场观点以及相关文章和福利；另一方面也开发了简单易用的理财小工具，让用户直观看到自己的财富规划与实际情况的差距，看到不同投资组合对应的预期收益率和预期波动率，看到渣打银行专业团队对各类资产的持仓建议。当然，我们也希望用户通过对 APP 的使用，了解我们的优势，了解我们的专业服务，了解我们的产品，从而转化为银行客户。”杨笛这样说道。

而在这一时期，中国经济和资本市场也发生了深刻的变化：多股力量交织博弈和各种风险因素的扰动，使国内资产价格波动性显著增长。同期出台的一系列相关政策则旨在化解信用收缩风险。对于个人投资者而言，除了资本市场的风云变幻之外，“资管新规”的出台也进一步打破了传统理财的“刚性兑付”模式，通过大类资产配置打造合理的投资组合成为实现投资回报必不可少的一部分。

在开发财富管理 APP 时，虽然有了之前经营微信订阅号的内容经验，但国内还没有商业银行专门为投资者教育打造平台，这对渣打银行财富管理部来说，意味着没有可以参考或者模仿的模式，“从 2017 年起，我们一步一个脚印按照自己的理念开始搭建这个平台，这也是渣打集团全球范围内第一个财富管理的 APP，没有前人的经验可以借鉴，这就给开发带来了挑战。但我们把专业能力与互联网实践结合起来，以满足客户需求为核心，持续进行迭代开发，不断提升客户体验。从 2018 年 5 月份上线到现在，已经迭代了 10 个版本。我为团队的付出和目前取得的成就感到骄傲。”提起财富管理 APP 这一年多的发展以及市场的认可，梁大伟感到很欣慰。

正如渣打银行（中国）有限公司行长、总裁兼副董事长张晓蕾在财富管理 APP 启动仪式上所言，“中国的客户面临着财富管理模式的革新，他们需要更多的市场信息，需要更专业的资产配置建议及财务规划方案来支持新的市场环境下他们的家庭财富管理需求。这就是我们开发这款 APP 的初衷。我们希望与我们的客户做更多、更深的连接，希望这款 APP 能够成为满足客户这些新需求的移动平台，成为进一步拉近我们和客户的距离，提升客户体验的桥梁。”

“让客户将投资者教育课堂装进手机”，这是渣打银行财富管理业务移动化取得的新突破。

三、财富管理 APP 如何进行投资者教育？

提供“独立客观”的市场观点

作为一家国际化银行，渣打银行市场观点的出炉方式很特别，通过多元化的集思广益来消除集体偏好，帮助银行保持顺应时势的投资流程。渣打银行的投资委员会结构多元，委员来自 10 个以上不同的国家，分别拥有多个不同专业领域的从业经验，以确保决策的多样性。同时，渣打银行的机构观点并不是通过共识达成决定，而是由各委员通过匿名投票方式形成正式的“机构观点”，以避免观点被某一个人主导，并通过特有方式对结果进行总结和追踪，确保主要趋势。投资委员会在整个投资流程中鼓励百花齐放，从研究各方观点到制定决策环节都做到集思广益，力争为终端客户提供多元化和客观的建议。

这样决策流程的好处就是尽可能避免因为个人偏好带给投资者的潜在风险。这也是为什么主流媒体经常采用渣打银行观点的核心原因之一。面对信息过剩的世界，把这样的信息及时提供给 APP 用户，无疑可以避免出现用一个偏见去替代另外一个偏见的弊端。渣打银行把这样的方式总结为“全瞻性投资决策，规避单一视角，实现全维度投资增值”。

在财富管理 APP 里面有专门的资讯板块，全部由财富管理部自己制作，内容涵盖关于股票、债券、商品、另类投资、多元资产等各类资产的“投资策略”，针对市场热点的“焦点时评”，关于主要币种趋势的“每日外汇领航”，关于全球市场变化的“金融市场周报”，等等。

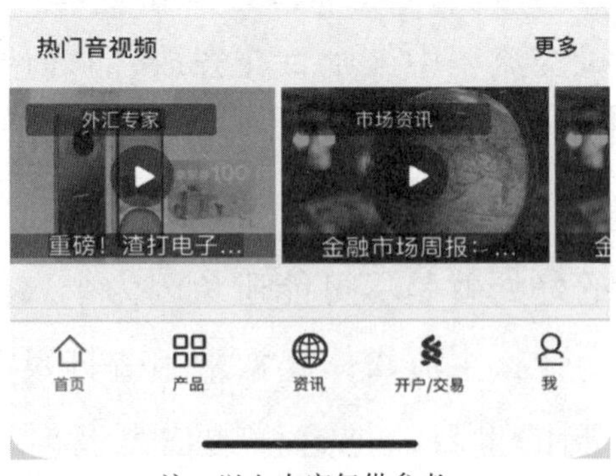

注：以上内容仅供参考。

图 3 “资讯”板块提供及时专业的市场观点

（资料来源：渣打银行财富管理 APP）

大部分内容用户下载APP后无需注册即可免费阅读，还可转发分享，降低了用户使用成本。

产品“优中选优”服务客户

与业界比较普遍的模式相比，渣打银行对自己财富管理的定位更类似于精品店，基于投资决策委员会对市场和各类资产的看法，结合投资者的潜在需求，认真选择适合的产品，提供一些定制化的建议。“我们是一个开放式平台，根据客户需求来推荐投资组合，合作机构包括国内外专业机构，有基金公司和资管公司，也有信托公司和保险公司。”梁大伟介绍。他表示，对于合作机构及理财产品，坚持“优中选优”原则，先从大类资产、投资方向等入手，再落地到具体产品。

在挑选焦点基金之前，银行会对每只基金进行必要的尽职审查。渣打的目标是选择那些表现优于同业、且回报率高于基准的基金。为此，渣打使用严格的内部专用量化评估模型和“3P”框架——即业绩表现、投资管理团队和投资决策流程，来选择最优基金作为当前市场环境和展望下的“焦点基金”产品。

“我们的经营模式与一贯的服务模式相关，主要是全球研究团队报告+配套的各种不同投资方向/风险收益模型的产品+包括投资顾问、财富安全规划师、金融市场产品资金销售和投资策略师在内的团队式服务。”梁大伟表示。他认为，渣打银行财富管理的优势在于拥有提出投资建议的研究团队、产品配置平台以及专业的投顾团队，而这个优势的核心在财富管理APP上可以得到非常完整的体现。通过财富管理APP，用户不但可以及时查看产品过去回报、最新净值、产品特点和投保规划，而且还可以详细了解更全面的信息，包括风险评级、投资目标、资产配置、信用评级、基金公司和基金经理等，避免出现因为信息不对称或前线销售不规范而导致的客户投诉。

个人结售汇

个人外币兑换

基本型汇利投资

个人外汇挂单

企业外汇服务

外汇资讯 更多

电子银行结售汇全新上线！周周抽奖赢手机！

旅游 外汇 活动 抽奖 外汇交易

2019-11-18

出境换汇无忧 - 世界那么大，陪爸妈去看…

养老 旅游 外汇 渣打银行 外币

2019-10-08

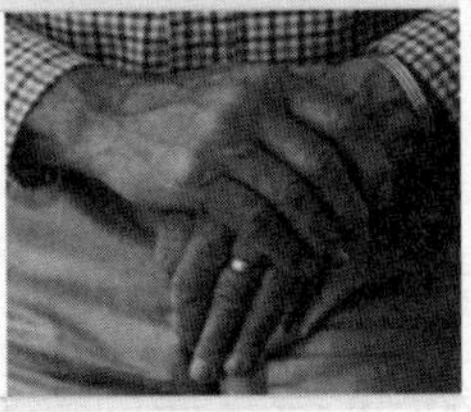

注：以上内容仅供参考。

图 4　财富管理 APP 提供了详细的产品及服务介绍

（资料来源：渣打银行财富管理 APP）

提供专业理财工具，让用户一键了解需求

投资者教育不是简单的说教和知识传递，更重要的是能够让用户把专业的知识运用到实际生活中。从这个角度来看，简单易用的理财计算器无疑是比较好的选择。渣打银行财富管理 APP 上就配置了这样的三个计算器工具，即投资模拟、资产配置和财富规划计算器。这些计算器以专业为依托，与渣打银行对市场的观点保持一致，让用户可随时检测自己及家庭的财富状况进而维持或调整资产配置比例。

依托集团国际经验和对中国市场的深刻理解，银保部总监丁允带领团队集思广益，提出开发一款分析全面且简单易操作的综合财富规划工具。财富规划计算器应运而生。这是一款基于个人财务资产、负债、现金流的财务健康分析和未来财富目标规划的工具：用户可以在财富保障、健康保障、退休养老、资产传承、子女教育五个方面设定未来目标，系统按照标准普尔的家庭财务规划原则，方便用户全面了解人生不同阶段的家庭资产概览、资金缺口与资产风险流动分布。计算器预设了三种个人财务状况，分别是潮流新贵、财富赢家和至尊名仕，分别对应事业蒸蒸日上的职场金领、登上事业巅峰的人生赢家和步入财富自由的社会名流三种人群的不同财务状况。APP 用户可以根据自己的实际情况选择其一，然后按照自己的实际情况从月收入开支、资产、家庭财富储备，以及家庭成员未来打算等几个方面输入数字，最后得到资产分布、流动性和财富保障缺口的评估结果，帮助用户充分了解自己的财富状况，根据分析及时做出调整，以实现自己的财富目标。

梁大伟坦言，财富规划是非常具有私人性质的服务，因此计算器给出的是供投资者参考的案例，更深入和具体的规划可以通过线下联系投资顾问得到解答。

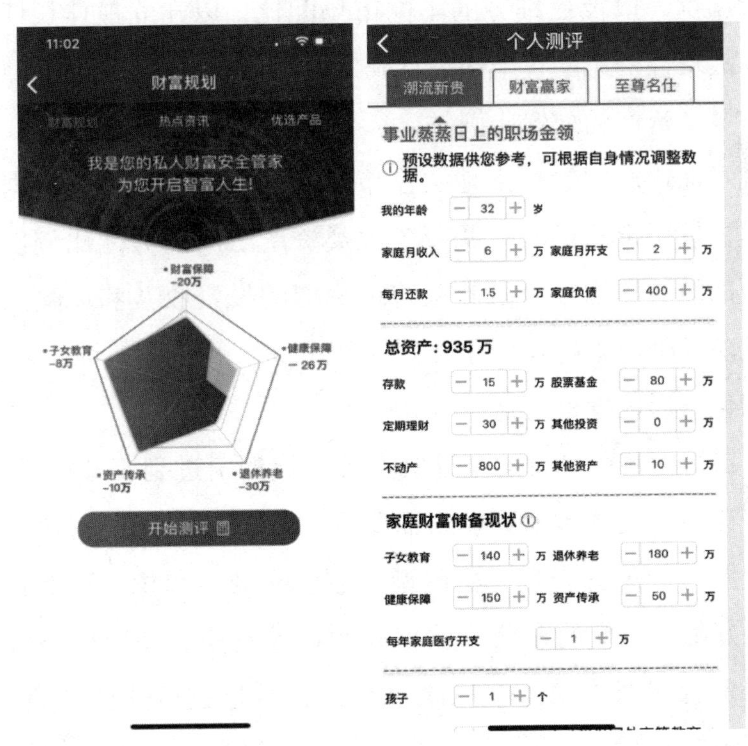

注：以上数据为模拟数据，仅供参考。

图 5　财富规划计算器

（资料来源：渣打银行财富管理 APP）

比起针对未来预期进行的财富规划，资产配置则是基于投资者的风险厌恶程度和资产的风险收益特征，让使用者按照不同风险偏好定制专属投资组合，从而达到降低投资风险和增加投资回报的目的。按照国际通行惯例，渣打银行将资产配置分为战略性资产配置（Strategic

Asset Allocation，SAA）与战术性资产配置（Tactical Asset Allocation，TAA）两个层面。

在SAA层面，主要确定各大类资产，如现金、股票、债券、商品等的投资比例，以及更细分的不同市场配比，以建立最佳长期资产组合结构。战略性资产配置结构一旦确定，在较长时期内（如一年以上）不再调节各类资产的配置比例。

而战术性资产配置更多地关注市场的短期波动，强调根据市场周期的变化，运用金融工具，调节各大类资产之间的分配比例以及各大类资产内部的具体构成，以此来管理短期的投资收益和风险。TAA模型按照风险承受能力将客户分为1～6共六级，再根据级数去对TAA模型进行细化，形成投资组合。

渣打银行把集团开发的全球资产配置模型引进到资产配置计算器，并且为了让用户理解起来更容易而做了一些简化。其把用户按照不同风险承担能力分为保守型、稳健型、适度积极型和积极型四种，而每种风险偏好都有对应的预期收益率和预期波动率，相应提供资产配置模型供投资者参考。在某个风险水平下，通过进行这样的资产配置，力求达到预期回报。

投资者也可根据需要定制专属投资组合，调整各类资产。例如股票债券配比或者股票、债券所在的板块，相应来调整收益率和波动率。比如，在稳健型标准组合中，把其他市场股票和债券拉动到0，而让亚洲（除日本）股票占到100%，波动率从11.2%上升到27.31%，“这样就让投资者对资产配置调整有了更直观的感觉”，投资策略部总监王昕杰说。用户也可以点击不同资产标签，查看对应的产品选择。

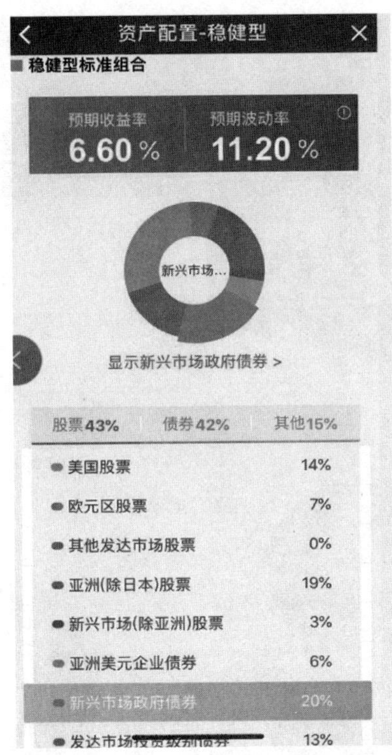

注：以上数据为模拟数据，仅供参考。

图 6　资产配置计算器

（资料来源：渣打银行财富管理 APP）

至于投资模拟计算器，则是基于选择好的产品组合去模拟，帮助使用者了解不同产品组合可能带来的过往收益率及过往波动率，这是让投资者最有主观能动性去自发调试的功能，也是 2019 年最新上线的功能之一。

三种计算器侧重角度各有不同，为投资者提供了多元的视角。据梁大伟介绍，财富规划是为了了解用户的现有资产状态及远期财务目标，分析用户各个维度是否有缺口。而资产配置则让用户对投资收益

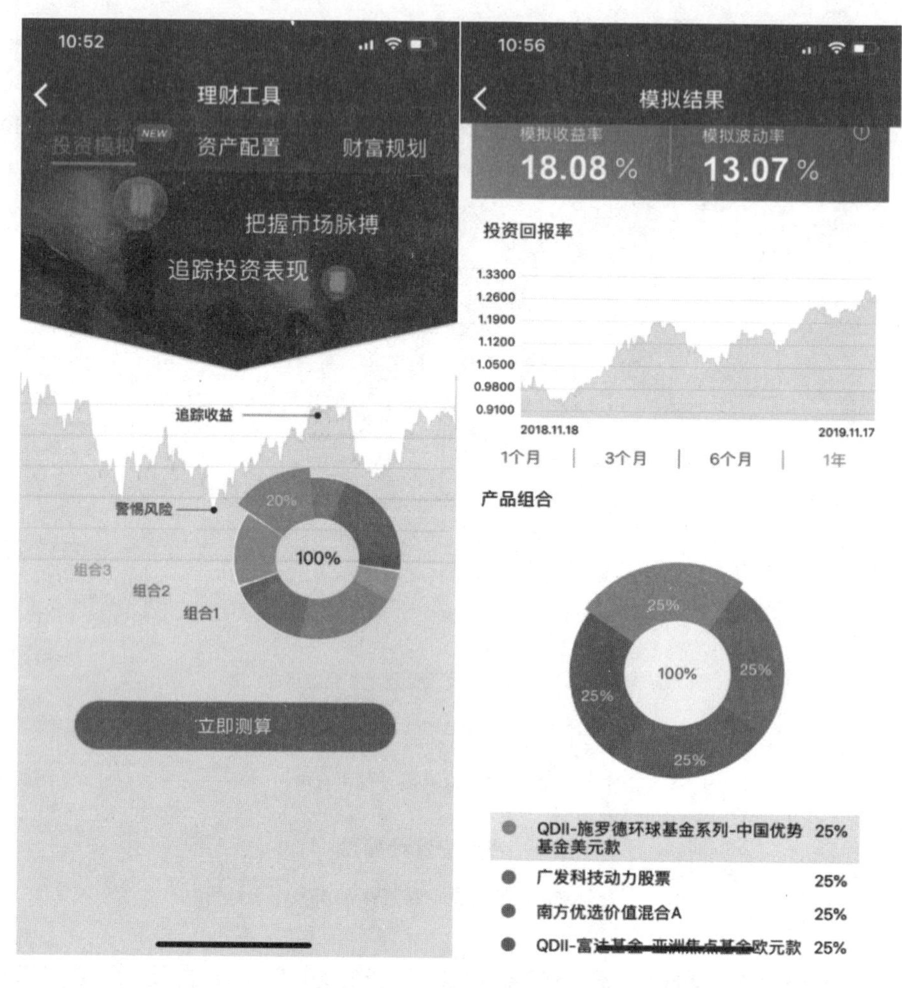

注：以上数据为模拟数据，仅供参考。

图 7　投资模拟计算器

（资料来源：渣打银行财富管理 APP）

和风险有了直观感受，最后才是在投资模拟上进行具体交易的模拟。

渣打银行财富管理 APP 里面计算器的设置实际上与其线下的展业模式密切联系。针对客户的需求，客户经理是最前线，通过面对面与客户谈话及客户投资评估等问卷来充分了解客户需求和风险承受能力。渣打财富管理提供专家团队，协助客户经理来为客户提供定制化的方案，包括投资顾问、财富安全规划师、金融市场产品资金销售和投资策略师等。通过紧密合作，从了解客户目前资产配置、人生规划及风险属性入手，最终基于市场状况给出投资策略及方案。某种意义上来说，财富管理 APP 则是将这种投资顾问专业服务移动化的一个尝试，为外资银行顾问驱动型理财业务模式提供了新的方案。

携手优势资源，借力渠道及线上活动，立体实现投资者教育

在国内银行客户的认知中，外资银行的优势在于全球资产配置。资管新规出台后，理财产品打破刚兑，资产配置的理念被许多金融机构提及，投资者教育工作也逐渐被重视。在对资管新规的分析中，投资产品部及投资顾问部一直在思考如何更好地发挥渣打银行全球优势，协同合作机构共同推动投资者教育工作。渣打银行财富管理目前与 12 家境外资产管理机构合作，在中国市场发行代客境外理财产品。这些海外顶尖的资产管理机构不仅有着强大的资产管理能力，同时对市场有着相当的敏感度，对投资理念有着深刻的理解，但他们普遍缺少传递信息的平台，大部分在国内仅是通过运营微信公众号传播市场资讯。但受制于各自在国内资源的投放及相对有限的受众群体，很难广泛触达目标人群，并与之产生有效的互动，加之他们大多各自为战，很难形成协同效应。投资产品部及投资顾问部总监闵成觉得，这些问题其实是可以通过渣打银行财富管理 APP 得到解决。通过在渣打银行财富管理 APP 上收录海外资管机构的市场观点并与本地业务相结合，既可以解决内容和业务相割裂的问题，也可以令中国的投资者更及时获取

第一手资讯，彼此间还能形成投资者教育的协同生态。于是投资产品部及投资顾问部在财富管理APP内新设了一个模块——“寰球资管家”，贝莱德、富达国际、宏利投资管理、施罗德投资成为第一批入驻该板块的海外资产管理机构。他们在各自的品牌专区，通过文章、视频等多种形式来分享市场观点和投资理念。同时，渣打银行与合作机构紧密合作，将用户习惯和浏览行为进行总结后反馈给各家机构，以便及时调整内容。

从外资银行的财富管理内容及范围来说，渣打银行的主要客户群仍是类似于K先生这样的高净值客户，因为他们对财富规划和资产传承相对更有理念和能力。但随着中国财富的再分配和更迭，渣打银行依然希望能够通过财富管理APP吸引更多客户下载注册，持续进行互动。

四、一切以客户为中心

随着投资者教育的不断深入，中国投资者在理财决策过程中也越来越聪明，为了规避风险，他们不可避免会采取“机构配置和资产配置”双配置模式，这种模式是将资金在各个财富管理机构分配后，才进行大类资产分配。在这种理财决策模式下，财富管理机构都需要进行一场激烈的客户争夺战。

在这场持续的战争中，客户对谁的财富管理模式更理解，谁就能获得客户的认可。而投资者教育就是要成功让客户对财富管理的认知从LV1进阶到LV4。因此，在财富管理行业，“投资者教育”是服务，是客户获取方式，也是市场份额防守的必要选择。

而在这方面，入门级的投资者教育就是资讯服务。通常做法是以微信订阅号作为主要阵地，渣打银行也是从打造优质的财经微信公众号起步，帮助客户节省阅读时间，潜移默化，逐渐积累金融知识。理财顾问可以向客户转发文章，以“金融学习顾问”的角色定位，与投资者就相关文章展开沟通。得客户时间者得天下，沟通越多，获得客户信任越大。

因此，建设将自己对市场的研究成果传递给客户的渠道，对渣打银行来说非常重要。微信公众号是一对多的资讯传递，财富管理 APP 在与投资者互动上则更进一步，既有一对多的资讯及产品信息的展示，也有一对一的更加个性化的服务。财富管理 APP 的打造也为渣打银行各产品线协同作战提供了一个平台。基于银行客户在 APP 里面的浏览记录和行为轨迹，通过与其在银行数据的比对，APP 会从兴趣偏好、理财目标等重要维度去帮助前线得到用户情感上的认可。只有建立一定的了解和信任，用户才会逐渐开始接触产品，从而打造出一个持续互动的用户社区。

五、科技赋能专业团队

大数据、人工智能、5G 运用、区块链……持续的技术变革不断地影响着社会的变革，影响着财富管理行业未来的发展。技术是发挥主导作用还是助手作用，是为客户提供有温情的服务，还是单纯的数字化决策，渣打银行财富管理部有自己的思考。

在梁大伟看来，人工智能和大数据是帮助投资顾问投资的技术助手，但并不能完全取代他们的工作。数字平台提供了简单快捷、7×24

的服务能力，但客户依然愿意与投资顾问进行沟通得到定制化的理财建议。因此，他认为智能投顾技术更多是用来实现投顾业务流畅化、财富管理数字化，以更好服务于客户。

在做出投资决定和资产配置方面，通过大数据、人工智能去做信息整合和分析，确实能帮助投资者省去很多时间，而且更精准。基于此，王昕杰认为，渣打银行财富管理 APP 的下一个方向应该是，将资产配置计算器进阶到让客户能够理解为什么要做资产配置的层面，甚至达到智能化给出投资建议。

但渣打银行仍不以实现全自动的智能投顾为目标。目前国内法律对于智能投顾尚未给出明确监管方向，完全将客户投入的资金放手给系统去操作并不可行，也与资产配置的初衷有所背驰。因此适当的人工介入是必要的。

由于科技的进步也很难解决上述问题，王昕杰更倾向于以人工智能赋能客户经理或投资专家。客户在不同人生阶段（单身、结婚、养育孩子、退休）的财富管理需求都是不一样的。以送孩子出国留学为例，去美国还是澳大利亚，将影响到其对外汇的需求，而智能投顾无法对这样的需求直接做出反应。这还是客户自身能有所反应的，而其他的比如退休规划、资产传承，客户可能自己都没有想到，所以更不可能借助 AI 去策划方案，这些都需要投资专家和客户经理在不断了解客户的过程中去发掘。当然在与客户接触的过程中，也有可能没有发现他们的一些需求，大数据可以帮助投资顾问去了解客户的需求。比如客户在财富管理 APP 上留下了阅读美元相关文章的痕迹，因此在未来投资规划里他就有可能把美元纳入进来。但 AI 往往是基于现有资产规划的优化，对于财富管理这样需要长期的规划来说是远远不够的。

K 先生就对渣打银行的投资者教育非常推崇，中国高净值人群已经从关注财富每年回报开始转向市场变化对财富规划和传承的影响，对他们来说，市场上重大事件的发生将对投资产生重大影响，需要第一时间去关注并追踪对投资的影响。

杨笛认为，渣打银行成熟的国际经验和专业的市场观点可以很好地助力打造投资者教育平台，财富管理 APP 并没有太多地指向任何一个购买行为，这让 K 先生们可以更加自由地进行投资选择。

六、结语：谋定而后动

从在中国开始经营人民币业务，并于 1997 年在上海和深圳获得人民币业务执照，到 2007 年开启法人化改制，再到参股中资银行、分享中国发展红利、服务中资企业“走出去”，服务“一带一路”，渣打银行在我国的发展始终与改革开放进程紧密结合。新一轮金融业开放将带来新机遇，渣打银行在中国的发展也将进入一个崭新的阶段。

“作为一家扎根中国 161 年的外资金融机构，渣打银行在中国的经营战略就是坚定地依托中国的发展而发展，持续聚焦于既符合中国经济未来发展方向，又能充分发挥自身独特国际网络优势和金融专长的领域，积极参与并支持国内国际两个市场的发展。”张晓蕾在 2019 年 21 世纪经济年会上这样说道。

随着资管新规落地，中国财富市场愈加规范，“资管新规对于银行的投研能力、资产管理能力和专业投资顾问团队的建设都提出了更高要求。”梁大伟表示。“但我们不会把自己视作中资银行的竞争对手。我们能对中资银行进行补充而不是直接与他们进行面对面的竞争。渣打银行的优势就在于凭借丰富的财富管理经验以及发力构建差异化竞争形势，深入中国财富管理市场。”

而财富管理APP则是渣打银行适应中国银行业数字化发展迈出的坚实一步。在打造这个数字化、移动化的投资者教育平台时，财富管理部非常注重其功能性和迭代更新。APP从1.0版本开始就采用了敏捷开发模式（AgileMode），财富管理部各个业务团队不断基于业务和客户需求提出新功能，与技术团队讨论确认后进入开发实施。随着适合用户和市场实践的需求不断在这个平台上得到实现，版本更新速度也持续提升。目前已经是第十个版本，下一个版本预计在2020年1月上线。金融市场产品及交易部总监郑国华对新版本充满期望，因为外汇服务是渣打银行的传统优势，新版本将优化客户体验，让他们在看到实时汇率或者相关外汇资讯后可以更方便地进入交易系统。

当前，尽管做好投资者教育仍是财富管理APP发展的核心目标，而让用户交易行为习惯和阅读行为习惯进行更紧密的结合则将是渣打银行下一个努力的方向。杨笛认为，财富管理APP若能实现直接与交易相连，能让用户更方便地与银行互动。

在谈到渣打银行财富管理面临的最大挑战时，梁大伟认为由于市场不确定性和波动的存在，客户更加需要关注投资者教育。未来渣打银行将不遗余力推动投资者教育平台的发展，并以此凸显出渣打银行自身的差异化竞争优势。

“思深以致远，谋定而后动”，由此看来，渣打银行锚定“投资者教育”，从为中国投资者提供丰富专业的咨询和建议出发，帮助投资者更好地读懂市场、看懂产品、做好家庭的财富管理决策，或许是这家深耕中国的银行百年老店做得最有价值的事。